THE EASY-SHMEEZY GUIDE TO SPANISH

MOSHE SHERIZEN

MENUCHA
PUBLISHERS

A PROJECT OF THE

Easy-Shmeezy Foundation

BOARD OF TRUSTEES

Benyamin Sherizen
Chief Chef, One Wonton

Simcha Fuld
Editor, My Israel Guide

Y.P. Walfish
CEO, Yes You Can Change

Avi Pinsky
Founder, Making Smiles LLC.

Pedro Kishkavitz
President, A Geshmaka Kishkas

Dassy and Eliana Berry
Nieces Inc.

David K. Sherizen
Chairman of the Board

INTERNATIONAL BOARD OF GOVERNORS

SHMULI KRAMER (ROSLYN)
YISROEL KADER (EDISON)
CHACHAM RAMBOD (QUEENS)
SHALOM FINK (FAR ROCKAWAY)
MAYER MINKOWICH (MANALAPAN)
TZVI MOSHE PHILIP ROSEN (SAVANNAH)
SHLOMO HAHN (HOLLYWOOD)
HARRY BARRY KLEINERMAN (CHICAGO)
AUSTIN J.L CLAGUE (DENVER)

YEHUDA CIZMA (BROOKLYN)
HOSHY RAUCH (LOS ANGELES)
FRANK (CLEVELAND)
AVI KURZ (DETROIT)
SHLOMO ROSEN (DETROIT)
MORDY HATANYAN (PERSIA)
RABBI YOSSI WEISS (NEW SQUARE)
DANIELLA SHERIZEN, MSW (BALTIMORE)
GAVRIEL ZIMBERG (DETROIT)

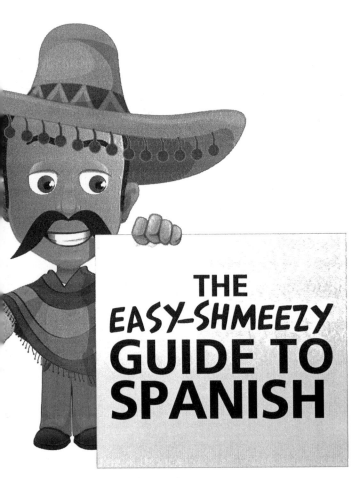

Copyright February 2017 by Moshe Sherizen

ISBN: 978-1-61465-394-3

All rights reserved. No part of this book may be reproduced or transmitted in any form or by any means (electronic, photocopying , recording or otherwise) without prior permission from the author. If you have a questions regarding anything above, just reach out and be in touch.

Executive Producer: Betzalel Sosne

Book Design: Rivkah Lewis
www.rivkahlewis.com

Published and distributed by
Menucha Publishers Inc.
250 44th street
Brooklyn N.Y. 11232
Tel/Fax 718-232-0856

Sales@menuchapublishers.com
www.MenuchaPublisers.com

For inquiries regarding The Easy-Shmeezy Guide to Spanish or to find out more about language learning, check out FluencyFreedom.com

To my *esposa* (wife) Batya – it's a privilege to share my business and life *contigo* (with you). You are the most amazing wife and most dedicated *madre* (mother).

To my *niños* (children) Azriel, Shevy, Rochel Leah, Chananya and Kayla – being your *padre* (father) is a true *fiesta* (party). Thanks for making sure I set a *buen ejemplo* (good example). You are the best fan club in the *mundo* (world)!

Interested in some awesome audio lessons that go along with this book?
Go to EasyShmeezy.com to get em' now!
In no time at all you'll be speaking
Spanish like a real Hispano.

For any questions or comments regarding
this book, or to learn more about
language learning visit:
www.EasyShmeezy.com

All mistakes found in this book are purely
intentional and they are my way of
keeping your atenttion.

TABLE OF CONTENTS

INTRODUCTION 1
The Spanish Alphabet 10
Vowel Sounds 12
Consonant Sounds 13

SECTION ONE: JUMP 17
My First Words 19
Greetings 20
Useful Words 22
My First Conversation 23
Everyday Expressions 25
Questions for Conversation 31
Pronouns 32
Possessive Pronouns 33
Nice to Meet You 33

SECTION TWO: EXPAND **37**

TIME DATE AND NUMBERS **38**
The Days of the Week.. 38
Cardinal Numbers.. 38
Ordinal Numbers 42
Time... 42

PEOPLE ETC. **46**
Family 46
What's Your Profession?.. 49

GETTING AROUND **53**
Finding Your Way 53
Transportation 55
On the Bus 57

ME AND MY WORLD **59**
The Body 59
My Clothes 63
My Stuff 65
Telephone 73

FOOD STUFF **76**
Food 76
Drinks 78

Fruit 80

THE WORLD 83
In the City 83

Nature 87

Animals... 89

Colors 90

High-Tech 92

GOOD TO KNOW.. 94
Don't Forget These 94

Adjectives 98

Verbs... 102

SECTION THREE: TALK 107
A New Student... 109

Expressions for Any Store... 112

Taxi 114

Speak Spanish with the Kids 115

SECTION FOUR: GRAMMAR 121
Definite Articles 123

Indefinite Articles 123

To Be... 124

To Have 126

Verb Conjugation 128

Negatives 130

SECTION FIVE: COOL STUFF **133**
Jokes 135

Playground Rhymes..................................... 146

Proverbs... 148

RESOURCES **155**

INTRODUCTION

Welcome to The Easy-Shmeezy Guide to Spanish! On the following pages you'll find the introduction. In it you'll find out what this book is all about and how you can get the most out of your Spanish learning experience.

Ahh, I remember it clearly….

It was **miércoles (**Wednesday) the 13th of August 2014. I had just arrived on the shores of America after my post high school gap year in the Middle East. Actually, that gap year turned into a gap **década** (decade). A lot happened in my personal life while I was there. I got married. Started a family. Lived through a war or two. Learned a couple of languages.

After settling in my hometown of Detroit, I noticed that something had changed since I had left. I couldn't exactly put my finger on it. There was more color in the **calle** (street). The air seemed more vibrant.

One day I was in K-Mart (a **tienda** (store) that probably is out of business now and should have closed years ago) and I noticed that… all the signs had Spanish under the English. Walla! Amazing! That's what had changed! There were now many Hispanic **inmigrantes** (immigrants) living in my home town. Now, for those of you who know me, you know that I love learning about other cultures, and the *best* way to do this is to learn the **idioma** (language) of that culture. So when all of a sudden I have a bunch of people living in my hood who speak a different language… I am going to learn that language. But how?

I am going to go off topic (I can do that, this is *my* book). Folks often say to me, "Moshe, you must have a special **talento** (talent) that helps you learn languages, right?" Wrong! I do not have a unique language-learning talent. So what's the trick to my success with languages? Actually, I've got a whole bag of tricks, but the main one is called "What's Your WHY?"

Thousands of people have come my way over the past few **años** (years) wanting me to help them learn a language through my online courses or private language coaching. (For more details see FluencyFreedom.com.) I am going to be totally **honesto** (honest) here. The majority of those people didn't succeed. Most people who buy *any* language book will not learn the language. Most people who buy Rosetta Stone or Pimsleur will not learn a language. And yes, now that you already bought this **libro** (book), I can tell you that most of the Easy-Shmeezy Guide to Spanish buyers won't learn Spanish.

You might be thinking "Oy, Moshe what kind of words are those for someone who wants to learn a new language?"

I believe that telling the **verdad** (truth) is always the straightest path. So I tell it how it is. So, why do most people not succeed?

It's all in that one word: "WHY?"

Why do you want to learn a new language? *Why* is speaking Spanish important to you? What will be different in your life when you speak Spanish?

Get where I'm going with this? What's your "WHY?" If you want to speak Spanish because it's cool, or because you love salsa so you figure Spanish is probably just as tasty — that's not going to be enough to keep you motivated when the going gets tough. In order to really succeed at speaking a second language, you need to have some solid **motivación** (motivation). I sometimes say that the ones who *want* to learn a new language don't end up learning it, the ones who *need* to learn a new language do. You catch my drift? If you need to do something — if it's *really* important — you'll succeed.

So let's say you want to get a **trabajo** (job) in an environment where they speak a different language, or you want to meet a life partner from a different land — then learning that language becomes really **importante** (important) to you. And you will succeed. You're doing it for a real reason, not just because it's cool.

So what's my trick? Why do people call me "the language guy?" In a world where English will do just fine, why do I feel a *need* to learn other languages?

The answer is that I turn my *want* into a *need*. I love people, and in order for me to connect to the people around me, I need to understand them. And in order to really understand them, I need to understand their language. If I want to get the way someone else sees the world, I have to see the situation from their **punto de vista** (point of view). A different language is a different outlook on life. If I understand the language, I've got a big head start in understanding the people. That's my "WHY?" I don't have a special talent. What I do have is clarity about why I want to learn more languages. And that's why I'm so successful.

So what is your "WHY?" Why do you want to learn Spanish? If you just *want* to do it, then try to dig deeper and pinpoint what it will do for your life. Turn that *want* into a *need*. Make it important. Make it real, bring it to life, and be the rockstar language learner who stays motivated and succeeds. In my FluencyFreedom.com course I go really deep on this **mentalidad** (mindset) stuff. Check it out online if you want to learn more.

Back to my Spanish story. I wanted to learn Spanish. Whenever I heard Spanish in the street I would ask the speaker to teach me a **palabra** (word). If I saw someone who looked like they might speak Spanish, I'd **correr** (run) over and ask them if they did. Sometimes I was wrong and offended people... be careful. When you do this, the first thing you need to say is "***aprendiendo espanol** (I am learning Spanish)*." Otherwise they might give you a dirty look and say "Hey man, you tink I no speakah English?

One day after the morning prayers at my local **sinagoga** (synagogue), I got this feeling that the guy next to me spoke Spanish. My heart started beating fast: It was a Flamenco beat, if I remember correctly. I said "*Hola!* Hablas Espanol? Aprendiendo Espanol."

He replied "***Por supuesto!*** (Sure!)."

That was Alex Ferder, who has become a very close friend. For a good few months, every day after the morning service Alex would teach me a new word. Here's a very special thanks to Alex for his **paciencia** (patience) and friendship. As we say in Spanish, ***La* amistad no se compra** (you can't buy friendship).

Before we get started, **necesito** (I need) to thank some other really special folks.

Alexa Romero from Mexico and Lucrecia Evelyn from Argentina are two leading authorities in Spanish education. They both spent countless

horas (hours) reviewing the book. Their comments, editing, and insightful remarks on cultural nuances were *HUGE*.

Rivkah Lewis once again did a beautiful job at designing the book and bringing it to life. **Gracias** (you should know what that means).

Hirsch Traube and Yehuda Dombe from Menucha Publishers are both a pleasure to work with. It is because of their tireless **esfuerzos** (efforts) that my books have become worldwide bestsellers.

And lastly, to you, the new Spanish speaker, thank you for having confidence in yourself and The Easy-Shmeezy Guide to Spanish.

You are now the proud owner of The Easy-Shmeezy Guide to Spanish. Woo-Hoo! Make sure you actually use it. ;) Make sure you achieve your "WHY?"

So let's talk about how this book works. It's organized using my J.E.T. System.

J — Jump into the language with confidence: By learning common words and expressions, you'll have the confidence to start integrating into the Spanish world. You'll then have the mindset that you are a Spanish speaker.

E — Expand your vocabulary: Remember, every word is important. Learn new words to help you in various situations.

T — Talk, talk and talk some more: Use your confidence, expressions, and expanded vocabulary to speak Spanish fluently with whomever you can, whenever you can.

If you pick up this book **consecuentemente** (consistently) for just 5 minutes a day, within a few **semanas** (weeks) you'll be surprised at how much you already know.

Okay enough peptalk, time to take action! Time to learn Spanish. Go Get em' Amigo!

Language Love,
MOSHE SHERIZEN

P.S. You've already learned a bunch of Spanish in this introduction...pretty Easy-Shmeezy!

The Spanish Alphabet

First the basics. Here's how you say the Spanish letters of the alphabet. Practice each one out loud.

a	ah
b	beh
c	seh
d	deh
e	eh
f	EH-fe
g	heh
h	AH-cheh
i	ee
j	HO-tah
k	kah
l	EL-leh
m	EM-meh
n	EN-neh
ñ	EH-nyeh
o	oh
p	peh
q	koo

r	HER-reh
rr	trilled r
s	EHS-seh
t	teh
u	oo
v	veh
w	DOH-bleh veh
x	EH-kees
y	EE gree-EH-gah
z	SEH-tah

Vowel Sounds

Vowels are hard to master in any language. Luckily, Spanish mostly looks the way it sounds, so you won't get any surprises like you do in English. Consider this: in English, rough, dough, and thought all have the same combination of letters but are pronounced differently. This would never happen in Spanish. However, the Spanish vowels are challenging all the same. You just need to follow a few rules and it'll all work out.

Now try to forget what you know in English and practice saying these Spanish sounds.

a: pronounced ah, as in the English word yacht

casa	CAH-sah	house
gato	GAH-toh	cat
balde	BAHL-deh	bucket

e: pronounced eh, as in the English word ten

bebé	beh-BEH	baby
sartén	sahr-TEHN	frying pan
tenedor	teh-neh-DOHR	fork

i: pronounced ee, as in the English word year

| libro | LEE-broh | book |

silla	SEE-yah	chair
comida	coh-MEE-dah	food
o: pronounced oh, as in the English word door		
flor	flohr	flower
vaso	VAH-soh	cup
oro	OH-roh	gold
u: pronounced oo, as in the English word moon		
duro	DOO-roh	hard
atún	ah-TOON	tuna
punto	POON-toh	point

Consonant Sounds

Now that you've learned the vowels, the consonants will be Easy-Shmeezy. Most of them are pronounced just like in English. here are the ones that are not:

b and v: pronounced like and English b		
banda	BAHN-dah	band
vida	VEE-dah	life
c: before a, o, and u, pronounced like an English k		

casa	CAH-sah	house
cosa	COH-sah	thing
cuna	COO-nah	crib
c: before e and i, pronounced like English s		
ceja	SEH-hah	eyebrow
cita	SEE-tah	appointment
g: before a, o, u, pronounced like an English g		
gracias	GRAH-seeahs	thank you
goma	GOH-mah	glue
guante	GOOAHN-teh	glove
g: before e and i, pronounced like an English h		
gente	HEHN-teh	people
gitano	hee-TAH-noh	gypsy
h: Shhhh! It's silent!		
hada	(AH-dah)	fairy
hecho	(EH-choh)	fact
j: pronounced like the English h		
jardín	har-DEEN	garden
ají	ah-HEE	hot sauce
ñ: pronounced like the ny in canyon		

piña	PEE-nyah	pineapple
añ o	AH-nyoh	year
q: preceding ue or ui, pronounced like the English k		
queso	KEH-soh	cheese
aquí	ah-KEE	here
s and z: pronounced like an English s		
sueño	SOOEH-nyoh	sleepiness
zapato	sah-PAH-toh	shoe

SECTION ONE: JUMP

Jump in! Take a dive into conversational Spanish. You're about to learn the most common words and expressions. The trick is start speaking from the beginning. After the first couple pages you'll already know enough to show off around town.

My First Words **Mis Primeras Palabras** */mees pree-MEH-rass pah-LAH-brass/*		
Hi!	¡Hola!	/OH-lah/
yes	sí	/SEE/
no	no	/NOH/
please	por favor	/POR fah-VOR/
Excuse me. (as in "Excuse me, can you help me?")	Disculpe.	/dis-KOOL-peh/
Thank you.	Gracias.	/GRAH-syass/
You're welcome.	De nada.	/deh NAH-dah/
Oh no!	¡Ay, no!	/AH-ee, NOH/
See you later!	¡Nos vemos luego!	/noss VEH-moss LWE-goh/
Can you teach me a new word in Spanish?	¿Me puedes enseñar una palabra nueva en español?	/me PWE-dess en-seh-NYAR oo-nah pah-LAH-brah NWEH-vah enn ess-pah-NYOL/

Greetings
Saludos
/sah-LOO-doss/

How are things?	¿Cómo te va?	/KOH-moh teh VAH/
Good morning!	¡Buenos días!	/BWE-noss DEE-as/
Good afternoon!	¡Buenas tardes!	/BWE-nas TAR-dess/
Good day!	¡Buen día!	/BWEN DEE-ah/
Good evening!/ Good night!	¡Buenas noches!	/BWE-nass NOH-chess/
Good week!	¡Que tengas una bonita semana!	/keh TEN-gass OO-nah boh-NEE-tah seh-MAH-nah/
What's up?	¿Qué onda?	/KEH ON-dah/
What's new?	¿Qué hay de nuevo?	/keh AH-ee deh NWE-voh/
How are you?	¿Cómo estás?	/KOH-moh ess-TASS/
Okay.	Okey.	/oh-KAY/

Fine, thank you.	Bien, gracias.	/BYEN GRAH-syass/
Thank G-d, great.	Genial, Gracias a Dios.	/heh-NYALL GRAH-syass ah DYOSS/
So so.	Más o menos.	/MASS oh MEH-noss/
I don't feel well.	No me siento bien.	/NOH meh SEE-enn-toh BYEN/
Have a good trip!	¡Que tengas un buen viaje!	/keh TENN-gas OON BWEN VYAH-heh/
Regards to the family!	¡Saludos a la familia!	/sah-LOO-doss ah lah fah-MEE-lee-ah/
Hello!	¡Hola!	/OH-lah/
Bye!	¡Adiós!	/ah-DYOS/

SPANISH IS THE SECOND MOST SPOKEN LANGUAGE IN THE UNITED STATES. AND THERE ARE OVER 400 MILLION SPANISH SPEAKERS WORLDWIDE. ¡HAY MUCHA GENTE! (THAT'S A LOT OF PEOPLE)

Useful Words
Palabras Útiles
/pah-LAH-brass OO-tee-less/

English	Spanish	Pronunciation
a little	poquito	/poh-KEE-toh/
a lot	mucho	/MOO-choh/
again	otra vez	/OH-trah VESS/
all	todo	/TOH-doh/
and	y	/EE/
in	en	/ENN/
certainly	seguramente	/seh-GOO-rah-MEN-teh/
correct	correcto	/ko-RREK-toh/
good	bueno	/BWE-noh/
here	aquí	/ah-KEE/
there	allí	/ah-YEE/
What?	¿Qué?	/KEH/
maybe	tal vez	/tahl-VESS/
nothin' at all	nada en absoluto	/NAH-dah enn AB-soh-LOO-toh/
now	ahora	/ah-OH-rah/
same thing	lo mismo	/loh MEES-moh/

this	esto	/ESS-toh/
enough	suficiente	/soo-fee-SYENN-teh/
also	también	/tam-BYEN/
not yet	todavía no	/toh-dah-VEE-ah noh/
only	solo	/soh-loh/

My First Conversation
Mi Primera Conversación
/mee pree-MEH-rah kon-ver-sah-SYON/

What's new, Maria?	¿Qué hay de nuevo, María?	/ke AH-ee deh NWE-voh, mah-REE-ah/
I'm learning Spanish.	Estoy aprendiendo español.	/ess-TOY ah-pren-DYENN-doh ess-pah-NYOL/
Very nice, where?	Que bien, ¿dónde?	/keh BYEN DON-deh/

From the Easy Shmeezy Guide to Spanish.	Con la Guía Easy Shmeezy al español.	/kon lah GEE-ah "Easy Shmeezy" ahl ess-pah-NYOL/
Is it actually easy?	¿Apoco es así de fácil?	/ah-POH-koh ess ah-SEE deh FAH-seel/
Very easy.	Muy fácil.	/MOO-ee FAH-seel/
Good luck!	¡Buena suerte!	/BWE-nah SOO-ER-teh/
We'll be in touch!	¡Estaremos en contacto!	/ess-tah-REH-moss en kon-TAK-toh/
A pleasure to speak with you!	¡Fue un placer hablar contigo!	/FWEH oon plah-SER ah-BLAR kon-TEE-goh/

AROUND 8% OF SPANISH COMES FROM ARABIC.

Everyday Expressions
Expresiones Diarias
/eks-preh-SYOH-ness DYAH-ryass/

I know.	Lo sé.	/loh SEH/
I know already.	Ya lo sé.	/yah loh SEH/
I don't know.	No sé.	/noh SEH/
I forgot.	Se me olvidó.	/seh meh ol-vee-DOH/
I don't remember.	No me acuerdo.	/noh meh a-KWER-doh/
I want to buy.	Quiero comprar.	/KYEH-roh kom-PRAR/
I have.	Tengo.	/TEN-goh/
I don't have.	No tengo.	/no TEN-goh/
Do you speak Spanish?	¿Hablas español?	/AH-blas ess-pah-NYOL/
I want to speak Spanish.	Quiero hablar español.	/KEE-eroh ah-BLAR ess-pah-NYOL/
I'm now learning to speak.	Ahora estoy aprendiendo a hablar.	/ah-OH-rah es-TOY ah-pren-DYENN-doh ah ah-BLAR/

Speak a little slower.	**Habla más despacio.**	/ah-BLAH mass dess-PAH-syoh/
Thank you very much.	**Muchas gracias.**	/MOO-chass GRAH-syass/
I think so.	**Creo que sí.**	/KREH-oh KEH SEE/
I don't think so.	**No creo.**	/noh KREH-oh/
It seems so.	**Parece que sí.**	/pah-REH-seh keh SEE/
Good luck!	**¡Buena suerte!**	/BWE-nah SWER-teh/
No doubt.	**Sin lugar a dudas.**	/seen loo-GAR ah DOO-dass/
I understand.	**Entiendo.**	/enn-TYEN-doh/
I don't understand.	**No entiendo.**	/noh enn-TYENN-doh/
Say it again.	**Dilo de nuevo.**	/DEE-loh deh NWE-voh/
You're welcome.	**De nada.**	/deh NAH-dah/
Go away.	**Vete.**	/VEH-teh/
Leave me alone.	**Déjame en paz.**	/DEH-ha-meh enn PASS/
Exactly!	**¡Exactamente!**	/ek-SAK-tah-men-teh/

Not like that.	**Así no.**	/ah-SEE noh/
What happened?	**¿Qué pasó?**	/KEH pah-SOH/
Make yourself at home.(lit. my house is your house)	**Mi casa es tu casa.**	/mee KAH-sah ess too KAH-sah/
Have a seat.	**Toma asiento.**	/TOH-mah ah-SYENN-toh/
I'm sorry.	**Perdón.**	/per-DONN/
What are you talkin' about?	**¿De qué hablas?**	/deh KEH AH-blass/
Awesome!	**¡Increíble!**	/een-kreh-EE-bleh/

Questions
Las Preguntas
/lass preh-GOON-tass/

Is it...?	**¿Es...?**	/ess/
What?	**¿Qué?**	/KEH/
Where?	**¿Dónde?**	/DON-deh/
Why?	**¿Por qué?**	/por KEH/
When?	**¿Cuándo?**	/KWAN-doh/

How many/much?	¿Cuánto?	/KWAN-toh/
Who?	¿Quién?	/KYEN/
Which?	¿Cuál?	/KEH/
How?	¿Cómo?	/KOH-moh/

Common Questions
Preguntas Comunes
/preh-GOON-tass koh-MOO-ness/

What is this?	¿Qué es esto?	/KEH ess ESS-toh/
What happened?	¿Qué pasó?	/KEH pah-SOH/
What are you doing?	¿Qué estás haciendo?	/KEH ess-TASS ah-SYEN-doh/
What do you want?	¿Qué quieres?	/KEH KYEH-ress/
Where are ya' goin'?	¿A dónde vas?	/ah DON-deh vass/
Where is there a supermarket?	¿Dónde está el supermercado?	/DON-deh ess-TAH ehl SOO-per-mer-KAH-doh/

Where is Umpalumpa Street?	¿Dónde está la calle Umpalumpa?	/DON-deh ess-TAH lah KAH-yeh oom-pah-loom-pah/
When does the tour start?	¿Cuándo empieza el tour?	/KWAN-doh em-pee-EH-sah ehl TOOR/
When does the bus arrive?	¿Cuando llega el autobús?	/KWAN-doh YEH-gah el ah-oo-toh-BOOS/
How much does this cost?	¿Cuánto cuesta?	/KWAN-toh KWES-tah/
With whom are you going?	¿Con quién vas?	/kon KYEN vass/
Who is that?	¿Quién es?	/KYEN ess/
How's the weather in America?	¿Cómo está el clima en Estados Unidos?	/KOH-moh ess-TAH ehl KLEE-mah en ess-TAH-doss oo-NEE-doss/
What's your name?	¿Cuál es tu nombre?	/KWAL ess too NOM-breh/
How are you called?	¿Cómo te llamas?	/KOH-moh teh YAH-mass/
Is there a...?	¿Hay un...?	/AH-ee oon/
Do you have a...?	¿Tienes un...?	/TYEN-ess oon/

Why are you bothering me?	¿Por qué me molestas?	/por-KEH meh moh-LESS-tass/
Do you speak English?	¿Hablas inglés?	/AH-blas een-GLESS/
Do you understand English?	¿Entiendes inglés?	/en-TYEN-dess een-GLESS/
Can you teach me a new word in Spanish?	¿Me puedes enseñar una palabra nueva en español?	/me PWE-dess en-seh-NYAR oo-nah pah-LAH-brah NWEH-vah en ness-pah-NYOL/
How do you say internet in Spanish?	¿Cómo dices internet en español?	/KOH-moh DEE-sess IN-ter-net en ness-pah-NYOL/
How do you feel?	¿Cómo te sientes?	/KOH-moh teh SYENN-tess/
Did you hear?	¿Escuchaste?	/ess-koo-CHASS-teh/

	Questions for Conversation **Preguntas para Conversación** /preh-GOON-tass PAH-rah kon-ver-sah-SYON/	
What's your name?	¿Cuál es tu nombre?	/KWAL ess too NOM-breh/
Where are you studying?	¿Dónde estás estudiando?	/DON-deh ess-TASS ess-too-DYANN-doh/
Where do you live?	¿Dónde vives?	/DON-deh VEE-vess/
How old are you?	¿Cuántos años tienes?	/KWAN-toss AH-nyos TYEH-ness/
Where were you born?	¿Dónde naciste?	/DON-deh nah-SEES-teh/
How many siblings do you have?	¿Cuántos hermanos tienes?	/KWAN-toss ehr-MAH-noss TYEN-ess/
Are you married?	¿Estás casado(a)?	/ess-TASS kah-SAH-doh // ess-TASS kah-SAH-dah/
Do you have kids?	¿Tienes hijos?	/TYEN-ess EE-hoss/

What do you do?	¿A qué te dedicas?	/ah KEH teh deh-DEE-kass/
How's it going at work?	¿Cómo te va en el trabajo?	/KOH-moh teh VAH enn ehl trah-BAH-ho/
How's the family?	¿Cómo está la familia?	/KOH-moh ess-TAH lah fah-MEE-lyah/

Pronouns
Pronombres
/proh-NOM-bress/

I	yo	/yoh/
you	tú	/too/
he	el	/ehl/
she	ella	/EH-ya/
you (pl)	ustedes	/oo-STEH-dess/
we	nosotros	/noh-SOH-tross/
they	ellos	/EH-yos/
they (f)	ellas	/EH-yass/

	Possessive Pronouns **Pronombres Posesivos** /proh-NOM-bress poh-seh-SEE-voss/	
mine	mío	/MEE-oh/
your (f)	tuyo	/TOO-yoh/
his	suyo	/SOO-yoh/
her	suyo	/SOO-yoh/
your (pl)	suyo	/SOO-yoh/
our (m,pl)	nuestro	/noo-ESS-troh/
our (f,pl)	nuestra	/noo-ESS-trah/
their (m)	suyo	/SOO-yoh/
their (f)	suya	/SOO-yah/

	Nice to Meet You **Mucho Gusto en Conocerte** /MOO-choh GOOS-toh enn koh-noh-SER-teh/	
My name is Moshe Sherizen.	Mi nombre es Moshe Sherizen.	/mee NOM-breh ess MOH-sheh she-REE-zen/

I was born in America.	Nací en Estados Unidos	/nah-SEE enn ess-TAH-doss oo-NEE-doss/
I live in Detroit Michigan.	Vivo en Detroit Michigan.	/VEE-voh enn dee-TROIT MEE-chee-gan/
I am 32 years old.	Tengo 32 años.	/TEN-goh TREH-een-tah-ee-doss AH-nyoss/
I have three brothers and two sisters.	Tengo tres hermanos y dos hermanas.	/TEN-goh tress ehr-MAH-noss ee doss ehr-MAH-nass/
I'm married.	Estoy casado.	/ess-TOY kah-SAH-doh/
I have five children.	Tengo cinco hijos.	/TEN-goh SEEN-koh EE-hoss/
I speak English and Spanish.	Hablo inglés y español.	/AH-bloh een-GLESS ee ess-pah-NYOL/
I like the languages very much.	Me gustan mucho los idiomas.	/meh GOOS-tann MOO-choh loss ee-DYOH-mass/
I am a teacher.	Soy maestro.	/SOY mah-ESS-troh/

If you'd like to know more about learning languages, send me an email.	Si quieres saber más acerca de cómo aprender idiomas, mándame un correo electrónico.	/see KYE-ress sah-BER mass ah-SER-kah deh KOH-moh ah-pren-DER ee-DYOH-mass MAN-dah-meh oon koh-RREH-oh eh-lek-TROH-nee-koh/
My email is: msherizen@gmail.com.	Mi correo electrónico es: msherizen@gmail.com	/mee koh-RREH-oh eh-lek-TROH-nee-koh ess EH-meh sheh-REE-zen ah-RROH-bah GEE-mail POON-toh kom/
It was nice to meet you!	¡Mucho gusto en conocerte!	/MOO-choh GOOS-toh enn koh-noh-SER-teh/

SECTION TWO: EXPAND

Now that you've begun speaking Spanish with confidence let's expand your vocab to make you a more sophisticated speaker. You'll learn words that'll help you at family get-togethers, while strolling around town and even at the zoo!

TIME DATE AND NUMBERS

	The Days of the Week **Los Dias de la Semana** /loss DEE-ass deh lah seh-MAH-nah/	
Sunday	domingo	/doh-MEEN-goh/
Monday	lunes	/LOO-ness/
Tuesday	martes	/MAR-tess/
Wednesday	miércoles	/MYER-koh-less/
Thursday	jueves	/HWE-vess/
Friday	viernes	/BYER-ness/
Saturday	sábado	/SAH-bah-doh/
weekend	fin de semana	/FEEN deh seh-MAH-nah/

	Cardinal Numbers **Números Cardinales** /NOO-meh-ross kar-dee-NAH-less/	
0	cero	/SEH-roh/
1	uno	/OON-oh/

2	dos	/DOSS/
3	tres	/TRESS/
4	cuatro	/KWAH-troh/
5	cinco	/SEEN-koh/
6	seis	/SEH-ees/
7	siete	/SYEH-teh/
8	ocho	/OH-choh/
9	nueve	/NWEH-veh/
10	diez	/DYESS/
11	once	/ON-seh/
12	doce	/DOH-seh/
13	trece	/TREH-seh/
14	catorce	/kah-TOR-seh/
15	quince	/KEEN-seh/
16	dieciséis	/dyeh-see-SEH-ees/
17	diecisiete	/dyeh-see-SYEH-teh/
18	dieciocho	/dyeh-see-OH-choh/
19	diecinueve	/dyeh-see-NWE-veh/
20	veinte	/BEH-een-teh/
21	veintiuno	/BEH-een-tee-OON-oh/

22	veintidós	/BEH-een-tee-DOSS/
23	veintitrés	/BEH-een-tee-TRESS/
24	veinticuatro	/BEH-een-tee-KWA-troh/
25	veinticinco	/BEH-een-tee-SEEN-koh/
30	treinta	/TREH-een-tah/
40	cuarenta	/kwah-REH-tah/
50	cincuenta	/seen-KWEN-tah/
60	sesenta	/seh-SENN-tah/
70	setenta	/seh-TEN-tah/
80	ochenta	/oh-CHEN-tah/
90	noventa	/noh-VEN-tah/
100	cien	/SYENN/
105	ciento cinco	/SYENN-toh SEEN-koh/
106	ciento seis	/SYENN-toh SEH-ees/
107	ciento siete	/SYENN-toh SYEH-teh/
108	ciento ocho	/SYENN-toh OH-choh/
109	ciento nueve	/SYENN-toh NWEH-veh/

110	ciento diez	/SYENN-toh DYESS/
200	doscientos	/doss-see-ENN-toss/
300	trescientos	/tres-see-ENN-toss/
400	cuatrocientos	/kwa-troh-see-ENN-toss/
613	seiscientos trece	/seh-ee-SYENN-toss TREH-seh/
770	setecientos setenta	/seh-teh-SYENN-toss seh-TENN-tah/
1,000	mil	/meel/
2000	dos mil	/dos MEEL/
3000	tres mil	/tres MEEL/
10,000	diez mil	/DYESS MEEL/
1,000,000	un millón	/oon mee-YON/

THERE ARE TWO PHRASES IN SPANISH THAT CAN BE TRANSLATED TO "I LOVE YOU": TE AMO AND TE QUIERO. THE FIRST ONE IS SAID BETWEEN LOVERS OR CLOSELY-RELATED FAMILY MEMBERS. THE SECOND IS MOSTLY FRIENDLY AND NOT TYPICALLY ROMANTIC.

	Ordinal Numbers **Números Ordinales** /NOO-meh-ross or-dee-NAH-less/	
first	**primero**	/pree-MEH-roh/
second	**segundo**	/seh-GOON-doh/
third	**tercero**	/ter-SEH-roh/
fourth	**cuarto**	/KWAR-toh/
fifth	**quinto**	/KEEN-toh/
sixth	**sexto**	/SEK-stoh/
seventh	**séptimo**	/SEP-teem-oh/
eighth	**octavo**	/ok-TAH-voh/
ninth	**noveno**	/noh-VEH-noh/
tenth	**décimo**	/DEH-see-moh/

	Time **La Hora** /lah OH-rah/	
early	**temprano**	/tem-PRAH-noh/
late	**tarde**	/TAR-deh/

time	**el tiempo**	/ehl TYEM-poh/
a long time	**mucho tiempo**	/MOO-cho TYEM-poh/
a little time	**un poco de tiempo**	/oon POH-koh deh TYEM-poh/
today	**hoy**	/OY/
in the morning	**en la mañana**	/enn lah mah-NYAN-ah/
before noon	**antes del mediodía**	/ANN-tess dehl meh-dyo-DEE-ah/
noon	**el mediodía**	/ehl meh-dyo-DEE-ah/
afternoon	**la tarde**	/lah TAR-deh/
in the evening	**en la tarde**	/en lah TAR-deh/
at night	**en la noche**	/en lah NOH-che/
tomorrow	**mañana**	/mah-NYAN-ah/
the day after tomorrow	**pasado mañana**	/pah-SAH-doh mah-NYAN-ah/
yesterday	**ayer**	/ah-YER/
two days ago	**hace dos días**	/AH-seh DOSS DEE-ass/
day	**día**	/DEE-ah/
everyday	**todos los días**	/TOH-doss loss DEE-ass/

week	semana	/seh-MAH-nah/
weekend	fin de semana	/FEEN deh seh-MAH-nah/
month	mes	/mess/
year	año	/AH-nyo/
a couple of years	un par de años	/oon PARR deh AH-nyos/
this year	este año	/ESS-teh AH-nyo/
many years	muchos años	/MOO-chos AH-nyos/
last year	el año pasado	/ehl AH-nyo pah-SAH-doh/
next year	el próximo año	/ehl PROK-see-moh AH-nyo/
two weeks ago	hace dos semanas	/AH-seh DOSS seh-MAH-nass/

What Time is it?
¿Qué hora es?
/KEH OH-rah ESS/

moment	momento	/moh-MEN-toh/
second	segundo	/seh-GOON-doh/

minute	minuto	/mee-NOO-toh/
hour	hora	/OH-rah/
What time is it?	¿Qué hora es?	/KEH OH-rah ESS/
It's exactly 7:00.	Son las siete en punto.	/son lass SYEH-teh en POON-toh/
7:15	siete y cuarto	/SYEH-te ee KWAR-toh/
7:25	siete veinticinco	/SYEH-te veh-een-tee-SEEN-koh/
7:30	siete y media	/SYEH-te ee MEH-dee-ah/
7:40	siete cuarenta	/SYEH-te kwa-REN-tah/
7:45	cuarto para las ocho	/KWAR-toh PAH-rah lass OH-choh/
It's 2 a.m.	Son las dos de la mañana.	/son lass OH-choh deh lah mah-NYAN-ah/
midnight	medianoche	/meh-dee-ah-NOH-cheh/
He'll be coming in the afternoon.	Él vendrá en la tarde.	/ehl ven-DRAH en lah TAR-deh/
in two hours from now	en dos horas	/enn DOSS OH-ras/

two hours ago	**hace dos horas**	/AH-seh DOSS OH-ras/
on time	**a tiempo**	/ah TYEM-poh/
I am always on time.	**Siempre llego a tiempo.**	/SYEM-preh YEH-goh ah TYEM-poh/
My sister is always late.	**Mi hermana siempre llega tarde.**	/mee her-MAH-nah SYEM-preh YEH-gah TAR-deh/

PEOPLE ETC.

	Family **Familia** /fah-MEE-lyah/	
This is my____.	**Este(a) es mi ____.**	/ESS-teh//ESS-tah ess mee ___/
I'd like you to meet my____.	**Me gustaría presentarte a mi _____.**	/meh goos-tah-REE-ah preh-senn-TAR-teh ah mee ___/
father	**el padre**	/ehl PAH-dreh/
mother	**la madre**	/lah MAH-dreh/

parents	**los padres**	/loss PAH-dress/
brother	**el hermano**	/ehl ehr-MAH-noh/
sister	**la hermana**	/lah ehr-MAH-nah/
daughter	**la hija**	/lah EE-ha/
son	**el hijo**	/ehl EE-ho/
boy	**el niño**	/ehl NEE-nyo/
girl	**la niña**	/lah NEE-nya/
children	**los hijos**	/loss EE-hoss/
mother-in-law	**la suegra**	/lah SWE-grah/
father-in-law	**el suegro**	/ehl SWE-groh/
brother-in-law	**el cuñado**	/ehl koo-NYA-doh/
sister-in-law	**la cuñada**	/lah koo-NYA-dah/
daughter-in-law	**la nuera**	/lah NWE-rah/
son-in-law	**el yerno**	/ehl YER-noh/
in-laws	**los suegros**	/loss SWE-gross/
husband	**el esposo**	/ehl ess-POH-soh/
man	**el hombre**	/ehl OM-breh/
wife	**la esposa**	/ lah es-POH-sah/
woman	**la mujer**	/lah moo-HER/
grandmother	**la abuela**	/lah ah-BWEH-lah/
grandfather	**el abuelo**	/ehl ah-BWEH-loh/

great grandfather	**el bisabuelo**	/ehl bee-sah-BWEH-loh/
great grandmother	**la bisabuela**	/la bee-sah-BWEH-lah/
grandchild	**el nieto**	/ehl NYE-toh/
great-grandchild	**el bisnieto**	/ehl bees-NYE-toh/
aunt	**la tia**	/lah TEE-ah/
uncle	**el tio**	/ehl TEE-oh/
cousin	**el(la) primo(a)**	/ehl PREE-moh// lah PREE-mah/
nephew	**el sobrino**	/ehl soh-BREE-noh/
niece	**la sobrina**	/lah soh-BREE-nah/
My brother lives in the New York.	**Mi hermano vive en Nueva York.**	/mee ehr-MAH-noh VEE-veh enn NWE-vah YORK/
The family is coming for the holiday.	**La familia va a venir para el día festivo.**	/lah fah-MEE-lee-ah vah ah veh-NEER pah-rah ehl DEE-ah fess-TEE-voh/

What's Your Profession?
¿Cuál es tu Profesión?
/KWAL ess too proh-feh-SYON/

What do you do for a living?	¿A qué te dedicas?	/ah KEH teh deh-DEE-kas/
What kinda work do you do?	¿Qué tipo de trabajo haces?	/KEH TEE-poh deh trah-BAH-ho AH-sess/
I am a ____.	Soy un(a) ____.	/SOY oon____ // SOY oon-ah____/
He/she is a ____.	Él/ella es un(a) ____.	/ehl ess oon ____ // eh-ya es oon-ah ____/
student	el estudiante	/ehl ess-too-dee-AHN-teh/
teacher	el(la) maestro(a)	/ehl mah-ESS-troh// lah mah-ESS-trah/
doctor	el doctor	/ehl dok-TOR/
dentist	el dentista	/ehl den-TEES-tah/
ceo	el director general	/ehl dee-rek-TOR hen-eh-RALL/
engineer	el ingeniero(a)	/ehl een-hen-NYE-roh/

secretary (executive assistant)	la secretaria (asistente ejecutivo)	/lah seh-kreh-TAH-ree-ah// ah-sees-TENN-teh eh-hek-oo-TEE-voh/
scientist	el científico	/ehl sye—TEE-fee-koh/
journalist	el periodista	/ehl peh-ryoh-DEES-tah/
lawyer	el abogado	/ehl ah-boh-GAH-doh/
rabbi	el rabino	/ehl rah-BEE-noh/
to profit	obtener ganancias	/ob-teh-NER gah-NAN-see-ass/
money	el dinero	/ehl dee-NEH-roh/
salary	el salario	/ehl sah-LAH-ree-oh/
I make a lot of money.	Yo gano mucho dinero.	/yoh GAH-noh MOO-choh dee-NEH-roh/
I work at Pancho's Pizza.	Trabajo en la Pizzería de Pancho.	/trah-BAH-ho enn lah pit-seh-REE-ah deh PAN-choh/
I work in a big office.	Trabajo en una oficina grande.	/trah-BAH-ho enn oon-ah oh-fee-SEE-nah GRAN-deh/

He wants to be a fireman.	**Él quiere ser bombero.**	/ehl KYEH-reh ser bom-BEH-roh/
I have a very important meeting.	**Tengo una cita muy importante.**	/TEN-goh oon-ah SEE-tah moo-ee eem-por-TAN-teh/

Feelings/ Emotions
Sentimientos/ Emociones
/sen-tee-MYEN-toss // eh-moh-SYOH-ness/

How are you feeling?	**¿Cómo te sientes?**	/KOH-moh teh SYEN-tess/
I'm...	**Estoy.....**	/ess-TOY/
I am happy.	**Estoy feliz.**	/ess-TOY feh-LEES/
I'm fine.	**Estoy bien.**	/ess-TOY BYEN/
I am sad.	**Estoy triste.**	/ess-TOY TREES-teh/
I am pleased.	**Estoy contento(a).**	/ess-TOY kon-TEN-toh/
I am not pleased.	**No estoy contento(a).**	/noh ess-TOY kon-TEN-toh/

I am excited.	**Estoy emocionado(a).**	/ess-TOY eh-moh-syoh-NAH-doh/
I am worried.	**Estoy preocupado(a).**	/ess-TOY preh-oh-koo-PAH-doh/
I am confused.	**Estoy confundido(a).**	/ess-TOY kon-foon-DEE-doh/
I am angry.	**Estoy enojado(a).**	/ess-TOY eh-noh-HA-doh/
I am scared.	**Estoy asustado(a).**	/ess-TOY ah-soos-TAH-doh/
I like…	**Me gusta…**	/meh GOOS-tah/
I don't like…	**No me gusta…**	/noh meh GOOS-tah/
I hate…	**Odio…**	/OH-dyoh/
I don't have any energy.	**No tengo fuerzas.**	/noh TEN-goh FWER-sass/
I am tired.	**Estoy cansado(a).**	/ess-TOY kan-SAH-doh/
I have regret.	**Me arrepiento.**	/meh ahr-reh-PYEN-toh/
I am embarrassed.	**Estoy avergonzado(a).**	/ess-TOY ah-ver-gon-SAH-doh/
I am insulted.	**Me siento insultado(a).**	/me SYEN-toh in-sool-TAH-doh/

GETTING AROUND

Finding Your Way
Encontrar el Camino
/enn-kon-TRAR ehl kah-MEE-noh/

Where is...?	¿Dónde está...?	/DON-deh ess-TAH/
Is it far from here?	¿Está lejos de aquí?	/ess-TAH leh-HOSS deh ah-KEE/
Is it near here?	¿Es cerca de aqui?	/ess SER-kah deh ah-KEE/
Can I get there by foot?	¿Puedo irme a pie?	/PWEH-doh EER-meh ah PYEH/
How do I get to...?	¿Cómo llego a ...?	/KOH-moh YEH-goh ah/
Straight ahead.	Derecho.	/deh-REH-choh/
Go all the way to the end.	Sigue de frente hasta el final.	/SEE-geh deh FREN-teh ASS-tah ehl fee-NALL/
It's on the left/right.	Está a la izquierda/derecha.	/ess-TAH ah lah is-KYER-dah // ess-TAG ah lah deh-REH-chah/

SECTION TWO: EXPAND ▪ **53**

Take a right/left.	**Dobla a la derecha/izquierda.**	/DOH-blah ah lah deh-REH-chah // DOH-blah ah lah is-KYER-dah/
Take the first right/left.	**Da vuelta en la primera derecha/izquierda.**	/dah BWEL-tah enn lah pree-MER-ah deh-REH-chah // is-KYER-dah/
At the traffic light.	**En el semáforo.**	/enn ehl seh-MAH-for-oh/
far	**lejos**	/LEH-hoss/
close	**cerca**	/SER-kah/
north	**norte**	/NOR-teh/
south	**sur**	/SOOR/
east	**este**	/ESS-teh/
west	**oeste**	/oh-ESS-teh/

ESPAÑOL IS THE OFFICIAL LANGUAGE IN 22 COUNTRIES. (SMART MOVE BUYING THIS BOOK.)

Transportation
Transporte
/trans-POR-teh/

How long does it take to get to _____.	¿Cuánto tiempo tarda para llegar a _____?	/KWAN-toh TYEM-poh TAR-dah PAR-ah yeh-GAR ah _____/
car	el carro	/ehl KAR-roh/
train	el tren	/ehl TRENN/
subway	el metro	/ehl MEH-troh/
airplane	el avión	/ehl ah-VYON/
truck	la camioneta	/lah kah-myoh-NEH-tah/
motorcycle	la motocicleta	/lah moh-toh-see-KLEH-tah/
bicycle	la bicicleta	/lah bee-see-KLEH-tah/
sidewalk	la banqueta	/lah ban-KEH-tah/
crosswalk	el cruce peatonal	/ehl KROO-seh peh-ah-toh-NALL/
street/ road	la calle	/lah KAH-yeh/
highway	la carretera	/lah kar-REH-teh-rah/

bridge	**el puente**	/ehl PWEN-teh/
tunnel	**el túnel**	/ehl TOO-nell/
lane	**el carril**	/ehl kah-REEL/
intersection	**la intersección**	/lah een-ter-sek-see-ON/
stop light	**el semáforo**	/ehl seh-MAH-for-oh/
speed bump	**el tope**	/ehl TOH-peh/
new driver	**el nuevo conductor**	/ehl NWE-voh kon-dook-TOR/
driver's license	**licencia de manejo**	/lee-SEN-see-ah deh mah-NEH-ho/
How far is the airport from here?	**¿Qué tan lejos está el aeropuerto de aquí?**	/KEH tan LEH-hoss ess-TAH ehl ah-eh-roh-PWER-toh deh ah-KEE/
Where can I rent a car?	**¿Dónde puedo alquilar un auto?**	/DON-deh PWEH-doh ahl-kee-LAR oon AH-ooh-toh/
Can I use my drivers license in this country?	**¿Puedo usar mi licencia de conducir en este país?**	/PWEH-doh oo-SAR mee lee-SEN-see-ah de kon-doo-SEER enn ESS-teh pah-EES/

| No, but if you are stopped by the police just speak English and pretend you didn't know. | No pero si te detiene la policía solo habla ingles y pretende que no sabes. | /NOH peh-roh see teh deh-tee-EH-neh la poh-lee-SEE-ah SOH-loh AH-blah een-GLESS ee preh-TEN-deh keh noh SAH-bess/ |

On the Bus
En el Autobús
/enn ehl ah-oo-toh-BOOS/

I'd like one ticket please.	Un boleto por favor.	/oon boh-LEH-toh por fah-VOR/
Hurry up!	¡Apúrate!	/ah-POO-rah-teh/
Let's go!	¡Vámonos!	/VAH-moh-noss/
bus	el autobús	/ehl ah-oo-toh-BOOS/
bus stop	la parada de autobús	/lah pah-RAH-dah dell ah-oo-toh-BOOS/

central bus station	**la central de autobuses**	/lah sen-TRALL deh ah-oo-toh-BOO-sess/
bus card	**la tarjeta de autobús**	/lah tar-HEH-tah deh ah-oo-toh-BOOS/
round trip	**ida y vuelta**	/EE-dah y BWEL-tah/
receipt	**recibo**	/re-SEE-voh/
front door	**la puerta delantera**	/lah PWER-tah deh-lan-TER-ah/
back door	**la puerta trasera**	/lah PWER-tah trah-SER-ah/
How much does a one-time ticket cost?	**¿Cuánto cuesta un boleto sencillo?**	/KWAN-to KWES-tah oon boh-LEH-to sen-SEE-yoh/
Do you have change?	**¿Tiene cambio?**	/TYEN-eh KAM-byoh/
Can you tell me how to get to Mexico City?	**¿Podría decirme cómo llegar a la Ciudad de México?**	/poh-DREE-ah deh-SEER-meh KOH-moh yeh-GAR ah lah see-oo-DAD deh MEH-hee-koh/

Can you tell me when we get to Garcia Street?	¿Podría decirme cuando lleguemos a la Calle Garcia?	/poh-DREE-ah deh-SEER-me KWAN-doh yeh-GEH-moss ah lah KAH-yeh gar-SEE-ah/
Does this bus go to Cancun?	¿Este autobús va a Cancún?	/ESS-teh ah-oo-toh-BOOS vah ah kan-KOON/
Where is the central bus station?	¿Dónde está la central de autobuses?	/DON-deh ess-TAH lah sen-TRALL de ah-oo-toh-BOO-sess

ME AND MY WORLD

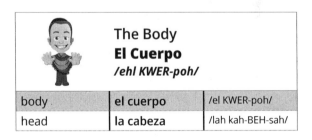	The Body **El Cuerpo** /ehl KWER-poh/	
body	el cuerpo	/el KWER-poh/
head	la cabeza	/lah kah-BEH-sah/

SECTION TWO: EXPAND ■ 59

face	la cara	/lah KAH-rah/
forehead	la frente	/lah FREN-teh/
eye	el ojo	/ehl OH-ho/
eyebrows	las cejas	/lass SEH-hass/
ear	la oreja	/lah oh-REH-ha/
nose	la nariz	/lah nah-REES/
mouth	la boca	/lah BOH-kah/
lips	los labios	/loss LAH-byos/
cheek	la mejilla	/lah meh-HEE-yah/
teeth	los dientes	/loss DYEN-tess/
tongue	la lengua	/lah LEN-gwah/
hair	el cabello	/ehl kah-BEH-yoh/
moustache	el bigote	/ehl bee-GOH-teh/
beard	la barba	/lah BAR-bah/
neck	el cuello	/ehl KWE-yoh/
shoulder	el hombro	/ehl OM-broh/
back	la espalda	/lah ess-PALL-dah/
heart	el corazón	/ehl koh-rah-SON/
belly	la panza	/lah PAN-sah/
arm	el brazo	/ehl BRAH-soh/
hand	la mano	/lah MAN-oh/
finger	el dedo	/ehl DEH-doh/

thigh	**el muslo**	/ehl MOOS-loh/
knee	**la rodilla**	/lah rro—DEE-yah/
foot	**el pie**	/ehl PYEH/
nail	**la uña**	/lah OO-nya/
bone	**el hueso**	/ehl WEH-soh/
blood	**la sangre**	/lah SAN-greh/
Where does it hurt?	**¿Dónde te duele?**	/DON-deh teh DWELL-eh/
My hand hurts.	**Me duele la mano.**	/meh DWELL-eh lah MAH-noh/
I have pain over here.	**Tengo un dolor por aquí.**	/TEN-goh oon doh-LOR por ah-KEE/
Call a doctor.	**Llama a un doctor.**	/YAH-mah ah oon dok-TOR/

Personal Hygiene
Higiene Personal
/ee-HYEH-neh per-soh-NALL/

soap	el jabón	/ehl ha-BON/
shampoo	el champú	/ehl cham-POO/
comb	peine	/PEH-ee-neh/

towel	la toalla	/lah toh-AH-yah/
shower	ducha	/DOO-chah/
bath	bañera	/bah-NYEH-rah/
toothbrush	el cepillo de dientes	/ehl seh-PEE-yoh deh DYEN-tess/
toothpaste	la pasta de dientes	/lah PASS-tah deh DYEN-tess/
mirror	espejo	/ess-PEH-ho/
makeup	maquillaje	/mah-kee-YAH-heh/
Wash your face!	¡Lávate la cara!	/LAH-vah-teh lah KAH-rah/
The bathroom had a shower but no bath.	El baño tenía una ducha pero no una bañera.	/ehl BAH-nyoh teh-NEE-ah oon-ah DOO-chah peh-roh noh oon-ah bah-NYEH-rah/

	My Clothes **Mi Ropa** */mee ROH-pah/*	
I wear my _____.	**Me puse mi _____.**	/meh POO-seh mee/
underwear	**la ropa interior**	/lah ROH-pah een-teh-RYOR/
hat	**el sombrero**	/ehl som-BREH-roh/
baseball cap	**gorra**	/GOR-rah/
shirt	**la camisa**	/lah kah-MEE-sah/
tie	**la corbata**	/lah kor-BAH-tah/
pants	**los pantalones**	/loss pan-tah-LOH-ness/
pockets	**los bolsillos**	/loss bol-SEE-yoss/
belt	**el cinturón**	/ehl seen-too-RON/
dress	**el vestido**	/ehl vess-TEE-doh/
socks	**las calcetas**	/lass kal-SEH-tass/
shoes	**los zapatos**	/loss sah-PAH-toss/
suit	**el traje**	/ehl TRAH-heh/
coat	**el saco**	/ehl SAH-koh/

scarf	la bufanda	/lah boo-FAN-dah/
gloves	los guantes	/loss GWAN-tess/
boots	las botas	/lass BOH-tass/
What's your size?	¿Qué talla eres?	/KEH TAH-yah EH-ress/
It looks good on you.	Se te ve bien.	/seh teh VEH BYEN/
At night I change into my pajamas.	A la noche me cambio y me pongo mis pijamas.	/ah lah NOH-cheh meh KAM-byoh ee meh PON-goh mees pee-YAH-mass/
When I get home I take off my shoes and put on my slippers.	Cuando llego a casa, me quito los zapatos y me pongo mis pantuflas.	/kwan-doh YEH-goh a KAH-sah meh KEE-toh loss sah-PAH-toss ee meh PON-goh mees pan-TOO-flass/
Where can I buy clothes around here?	¿Dónde puedo comprar ropa por aquí?	/DONN-deh PWEH-doh kom-PRAR ROH-pah por ah-KEE/

My Stuff
Mis Cosas
/mees KOH-sass/

glasses	los lentes	/loss LEN-tess/
keys	las llaves	/lass YAH-vess/
money	el dinero	/ehl dee-NEH-roh/
wallet	la cartera	/lah kar-TEH-rah/
purse	la bolsa	/lah BOL-sah/
pocket	el bolsillo	/ehl bol-SEE-yoh/
pen	la pluma	/lah PLOO-mah/
pencil	el lápiz	/ehl LAH-pees/
notebook	el cuaderno	/ehl kwah-DER-noh/
paper	el papel	/ehl pah-PELL/
books	los libros	/loss LEE-bross/
newspaper	el periódico	/ehl peh-RYOH-dee-koh/
watch	el reloj	/ehl reh-LOCH/
toys	los juguetes	/loss hu-GEH-tess/
car	el carro	/ehl KAR-roh/
tools	las herramientas	/lass eh-rah-MYEN-tass/

friends	los amigos	/loss ah-MEE-goss/
Luis has a lot of friends.	Luis tiene muchos amigos.	/LWEES TYEN-eh MOO-choss ah-MEE-goss/
I need money to buy a new car.	Necesito dinero para comprar un carro nuevo.	/ness-eh-SEE-toh dee-NEH-roh pah-rah kom-PRAR oon KAR-roh NWEH-voh/
I want a timeshare in Bogotá Colombia.	Quiero un tiempo compartido en Bogotá, Colombia.	/KYEH-roh oon TYEM-poh kom-par-TEE-doh enn bo-goh-TAH koh-LOM-byah/

The House
La casa
/lah KAH-sah/

house/home	la casa/el hogar	/lah KAH-sah/
room	el cuarto	/ehl KWAR-toh/
wall	la pared	/lah pah-RED/
door	la puerta	/lah PWER-tah/

floor	el piso	/ehl PEE-soh/
ceiling	el techo	/ehl TEH-choh/
window	la ventana	/lah ven-TAH-nah/
stairs	las escaleras	/lass ess-kah-LEH-rass/
roof	el techo	/ehl TEH-choh/
balcony	el balcón	/ehl bal-KON/
basement	el sótano	/ehl SOH-tah-noh/
yard	el patio	/ehl PAH-tyoh/
garden	el jardín	/ehl har-DEEN/
kitchen	la cocina	/lah koh-SEE-nah/
dining room	el comedor	/ehl koh-meh-DOR/
living room	la sala	/lah SAH-lah/
bathroom	el baño	/ehl BAH-nyoh/
bedroom	la recámara	/lah reh-KAH-mah-rah/
garage	la cochera	/lah ko-CHEH-rah/
Juan has a big house.	Juan tiene una casa grande.	/HWAN TYEN-eh oon-ah KAH-sah GRAN-deh/
Close the window.	Cierra la ventana.	/SYE-rrah lah ven-TAH-nah/

Open the door.	**Abre la puerta**	/AH-bre la PWER-tah/
How many rooms are in your home?	**¿Cuántas habitaciones hay en tu casa?**	/KWAN-tass ah-bee-tah-SYOH-ness ah-ee enn too KAH-sah/

Furniture
Los Muebles
/los MWEH-bless/

closet	**el guardarropa**	/ehl gwar-dah-ROH-pah/
drawer	**el cajón**	/ehl kah-HON/
bed	**la cama**	/lah KAH-mah/
pillow	**la almohada**	/lah al-moh-AH-dah/
blanket	**la sábana**	/lah SAH-bah-nah/
table	**la mesa**	/lah MEH-sah/
chair	**la silla**	/lah SEE-yah/
bench	**la banca**	/lah BAN-kah/
couch	**el sofá**	/ehl soh-FAH/

book shelf	**El estante de libros**	/ehl ess-TAN-teh deh LEE-bross/
lights	**las luces**	/lass LOO-sess/
electric outlet	**el contacto eléctrico**	/el kon-TAK-toh eh-LEK-tree-koh/
fan	**el ventilador**	/ehl venn-tee-lah-DOR/
furniture	**los muebles**	/loss MWE-bless/
I want to buy a new chair.	**Quiero comprar una silla nueva.**	/KYER-oh kom-PRAR oon-ah SEE-yah NWE-vah/
The hotel was very nice. The furniture was very fancy.	**El hotel era muy bonito. Los muebles eran muy elegantes.**	/ehl oh-TELL eh-rah moo-ee boh-NEE-toh / loss MWEH-bless eh-ran moo-ee boh-NEE-toss/

In the Kitchen
En la cocina
/enn lah koh-SEE-nah/

pot	**la olla**	/lah OH-yah/
pan	**el sartén**	/ehl sar-TEN/

sink	el lavabo	/ehl lah-VAH-boh/
counter	la mesa	/lah MEH-sah/
faucet	la llave del agua	/lah YAH-veh deh AH-gwah/
oven	el horno	/ehl HOR-noh/
stove	la estufa	/lah ess-TOO-fah/
kettle	la tetera	/lah teh-TEH-rah/
garbage can	el bote de basura	/ehl BOH-teh deh bah-SOO-rah/
table	la mesa	/lah MEH-sah/
chair	la silla	/lah SEE-yah/
plate	el plato	/ehl PLAH-toh/
ladle	el cucharón	/ehl koo-chah-RON/
tray	la charola	/lah chah-ROLL-ah/
towel	la toalla	/lah toh-AH-yah/
napkin	la servilleta	/lah ser-vee-YEH-tah/
fork	el tenedor	/ehl ten-eh-DOR/
knife	el cuchillo	/ehl koo-CHEE-yoh/
spoon	la cuchara	/lah koo-CHAH-rah/

sugar	el azúcar	/ehl ah-SOO-kar/
salt	la sal	/lah SALL/
salt shaker	el salero	/ehl sah-LEH-roh/
pepper	el pimiento	/ehl pee-MYEN-toh/
pepper shaker	el pimentero	/ehl pee-men-TER-oh/

Cleaning Supplies
Artículos de limpieza
/ar-TEE-koo-loss deh leem-PYEH-sah/

Bring the.......	Tráeme el/la...	/TRAH-eh-meh ehl//lah...
broom	escoba	/ess-KOH-bah/
brush	cepillo	/seh-PEE-yoh/
bucket	cubeta	/koo-BEH-tah/
dustpan	pala para recoger basura	/PAH-lah PAH-rah reh-koh-HER bah-SOO-rah/
gloves	guantes	/GWAN-tess/
mop	trapeador	/trah-peh-ah-DOR/

SECTION TWO: EXPAND • 71

rag	paño	/PAH-nyoh/
sponge	esponja	/ess-PON-ha/
towel	toalla	/toh-AH-yah/
spray	spray	/es-PRAY/
trashcan	bote de basura	/BOH-teh deh bah-SOO-rah/
trash bag	bolsa de basura	/BOL-sah deh bah-SOO-rah/
vacuum cleaner	aspiradora	/ass-pee-rah-DOH-rah/
soap	jabón	/ha-BONN/
bleach	blanqueador	/blan-keh-ah-DOR/
paper towel	toalla de papel	/toh-AH-yah deh pah-PELL/
This room is very clean.	esta habitación está muy limpia.	/ESS-tah ah-bee-tah-SYON ess-TAH moo-ee LEEM-pyah/

Telephone
Teléfono
/teh-LEH-foh-noh/

cell phone	el celular	/ehl seh-loo-LAR/
text message	el mensaje de texto	/ehl men-SAH-he deh TEKS-toh/
ring	sonar	/soh-NAR/
pound	La almohadilla	/lah al-moh-ah-DEE-yah/
star	el asterisco	/ehl ass-teh-REES-koh/
voice mail	el buzón de voz	/ehl boo-SON deh BOSS/
Who is this?	¿Quién habla?	/KYEN AH-blah/
This is Moshe speaking.	Soy Moshe.	/SOY MOH-sheh/
What's doing?	¿Qué está haciendo?	/KEH ess-TAH ah-SYEN-doh/
Can I please speak with John?	¿Puedo hablar con Juan por favor?	/PWEH-doh ah-BLAR con HWAN por fah-VOR/

SECTION TWO: EXPAND

He can't speak now.	**No puede hablar ahorita.**	/noh PWEH-deh ah-BLAR ah-oh-REE-tah/
Is the matter urgent?	**¿Se trata de algo urgente?**	/seh TRAH-tah deh AL-goh oor-HEN-teh/
Try later.	**Intente después.**	/in-TEN-teh dess-PWES/
Call me tomorrow.	**Llámame mañana.**	/YAH-mah-meh mah-NYAN-ah/
Do you want to leave a message?	**¿Quiere dejar un mensaje?**	/KYEH-reh deh-HAR oon men-SAH-he/
No thanks.	**No gracias.**	/noh GRAH-syas/
I'll give him the message.	**Le daré el mensaje.**	/leh dah-REH ehl men-SAH-he/
We'll be in touch.	**Estaremos en contacto.**	/ess-tah-REH-moss enn kon-TAK-toh/
Hi, you've reached the voicemail of Sammy Sosa, please leave a message after the tone.	**Hola, usted llamó al buzón de voz de Sammy Sosa, por favor deje un mensaje después del tono.**	/OH-lah oos-TED yah-MOH al boo-SON deh BOSS deh SAH-mee SOH-sah por fah-VOR deh-HEH oon men-SAH-he des-PWES dell TOH-noh/

For Spanish press 1.	**Para español presione 1.**	/pah-rah ess-pah-NYOL preh-SYON-eh oon-oh/
For Arabic press 2.	**Para árabe presione 2.**	/pah-rah AH-rah-beh preh-SYON-eh doss/
For English press 3.	**Para inglés presione 3.**	/pah-rah een-GLESS preh-SYON-eh tress/
For French press 4.	**Para francés presione 4.**	/pah-rah fran-SESS preh-SYON-eh KWAH-troh/

THE 24-LETTER WORD ELECTROENCEFALOGRAFISTAS (ELECTROENCEPHALOGRAPHISTS) IS OFTEN CITED AS THE LONGEST SPANISH WORD IN ACTUAL USE. IF YOU'D LIKE TO KNOW WHAT THAT WORD MEANS, YOU'LL HAVE TO GET AN ENGLISH DICTIONARY. I THINK ITS SOME KINDA' DINOSAUR OR DISEASE OR SOMETHING. HTTPS://EN.WIKIPEDIA.ORG/WIKI/LONGEST_WORD_IN_SPANISH – CITE_NOTE-ABOUT-1. YOU'LL PROBABLY NEVER USE THAT WORD. I RECOMMEND YOU STICK TO THE WORDS IN THE EASY-SHMEEZY GUIDE TO SPANISH.

FOOD STUFF

	Food **Comida** */koh-MEE-dah/*	
What do you want to eat?	¿Qué quieres comer?	/KEH KYEH-ress koh-MER/
breakfast	el desayuno	/ehl deh-sah-YOO-noh/
lunch	El almuerzo	/ehl al-MWER-soh/
dinner	la cena	/lah SEH-nah/
He eats a lot of...	Él come mucho(a)...	/ehl KOH-meh MOO-cho/
She loves to eat...	A ella le encanta comer...	/ah EH-yah leh enn-KAN-tah koh-MER/
bread	el pan	/ehl PAN/
sandwich	el emparedado	/ehl em-par-eh-DAD-oh/
cookie	la galleta	/lah gah-YEH-tah/
cake	el pastel	/ehl pass-TELL/
eggs	los huevos	/loss WEH-boss/

butter	la mantequilla	/lah man-teh-KEE-yah/
cheese	el queso	/ehl KEH-soh/
noodles	los fideos	/loss fee-DEH-oss/
rice	el arroz	/ehl ah-ROSS/
salad	la ensalada	/lah enn-sah-LAH-dah/
soup	la sopa	/lah SOH-pah/
meat	la carne	/lah KAR-neh/
fish	el pescado	/ehl pess-KAH-doh/
chicken	el pollo	/ehl POH-yoh/
turkey	el pavo	/ehl PAH-voh/
tortilla	la tortilla	/lah tor-TEE-yah/
crackers	las galletas	/lass gah-YEH-tass/
junk-food	la comida chatarra	/lah koh-MEE-dah chah-TAR-rah/
What does he want to eat?	¿Qué quiere comer él?	/KEH KYER-eh kom-ER EHL/
I want to eat a hamburger.	Quiero comer una hamburguesa.	/KYER-oh kom-ER oon-ah am-boor-GESS-ah/

I'm hungry.	**Tengo hambre.**	/TEN-goh AM-breh/
Let's go to a restaurant.	**Vamos a un restaurante.**	/VAH-moss ah oon ress-tah-oo-RAN-teh/
The food was delicious.	**La comida estaba deliciosa.**	/lah koh-MEE-dah ess-TAH-bah deh-lee-SYOH-sah/
What is your favourite food?	**¿Cuál es tu comida favorita?**	/KWAL ess too kom-EE-dah fah-voh-REE-tah/

Drinks
Bebidas
/beh-BEE-dass/

Give me a glass of...	**Dame un vaso de...**	/DAH-meh oon VAH-soh deh/
water	**el agua**	/ehl AH-gwah/
milk	**la leche**	/lah LEH-cheh/
juice	**el jugo**	/ehl HOO-goh/
orange juice	**el jugo de naranja**	/ehl HOO-goh deh nah-RAN-ha/
tea	**el té**	/ehl TEH/

coffee	el café	/ehl kah-FEH/
hot chocolate	el chocolate caliente	/ehl choh-koh-LAH-teh kah-LYEN-teh/
cola	el refresco de cola	/ehl reh-FRESS-koh deh KOH-lah/
wine	el vino	/ehl VEE-noh/
beer	la cerveza	/lah ser-VEH-sah/
liquor	el licor	/ehl lee-KOR/
cold drink	la bebida fría	/la beh-BEE-dah FREE-ah/
hot drink	la bebida caliente	/la beh-BEE-dah kah-LYEN-teh/
I'm thirsty.	Tengo sed.	/TEN-goh SEDD/
He's too drunk to drive, let's call a cab.	Él está muy borracho para conducir. Llamemos un taxi.	/ehl ess-TAH moo-ee boh-RAH-choh pah-rah kon-doo-SEER / yah-MEH—oss oon TAK-see/

SECTION TWO: EXPAND

Fruit
Fruta
/FROO-tah/

I like to eat...	Me gusta comer...	/meh GOOS-tah koh-MER/
apple	la manzana	/lah man-SAH-nah/
apricot	El chabacano	/ehl chah-bah-KAH-noh/
banana	el plátano	/ehl PLAH-tah-noh/
pear	la pera	/lah PEH-rah/
orange	la naranja	/lah nah-RAN-ha/
grapefruit	la toronja	/lah tor-ON-ha/
plum	la ciruela	/lah see-RWELL-ah/
peach	el durazno	/ehl doo-RASS-noh/
grapes	las uvas	/lass OO-vass/
lemon	el limón	/ehl lee-MON/
pomegranate	la granada china	/lah gra-NAH-dah CHEE-nah/
fig	el higo	/ehl EE-goh/

date	**el dátil**	/ehl DAH-teel/
berry	**la mora**	/lah MOH-rah/
cherry	**la cereza**	/lah ser-EH-sah/
olive	**la aceituna**	/lah ah-seh-ee-TOO-nah/
melon	**el melón**	/ehl meh-LON/
almonds	**las almendras**	/lass al-MEN-drass/
nuts	**las nueces**	/las NWEH-sess/
In the market there many kinds of fruits.	**En el mercado hay muchos tipos de frutas.**	/enn ehl mer-KAH-doh ah-ee MOO-choss TEE-poss deh FROO-tass/

Vegetables
Vegetales
/veh-heh-TAL-ess/

potato	**la patata**	/lah pah-TAH-tah/
cucumber	**el pepino**	/ehl peh-PEE-noh/
tomato	**el tomate**	/ehl toh-MAH-teh/
carrot	**la zanahoria**	/lah sah-nah-OH-ryah/

onion	la cebolla	/lah seh-BOH-yah/
garlic	el ajo	/ehl AH-ho/
beans	los frijoles	/loss FREE-ho-less/
cabbage	la col	/lah KOLL/
zucchini	la calabacita	/lah kah-lah-bah-SEE-tah/
radish	el rábano	/ehl RAB-ah-noh/
pepper	la pimienta	/lah pee-MYEN-tah/
squash	la calabaza	/lah kah-lah-BAH-sah/
celery	el apio	/ehl AH-pyoh/
mushrooms	los champiñones	/loss cham-pee-NYON-ess/
brussel sprouts	las coles de bruselas	/lass KOH-less deh broo-SEH-lass/
It's healthy to eat greens.	Comer verduras es saludable.	/koh-MER ver-DOO-rass ess sah-loo-DAH-bleh/
Stir-fry vegetables are delicious.	Las vegetales sofritas son deliciosas.	/lass veh-heh-TAL-ess soh-FREE-tass son deh-lee-SYOH-sass/

| I enjoy vegetables in my tortilla. | **Me gustan las tortillas con vegetales.** | /meh GOOS-tann lass tor-TEE-yass kom beh-he-TAH-less/ |

THE WORLD

In the City
En la Ciudad
/enn lah syoo-DAD/

house	**la casa**	/lah KAH-sah/
street	**la calle**	/lah KAH-yeh/
sidewalk	**la banqueta**	/lah ban-KEH-tah/
gate	**la puerta**	/lah PWER-tah/
building	**el edificio**	/ehl eh-dee-FEE-syoh/
mall	**el centro comercial**	/ehl SEN-troh koh-mer-SYALL/
pub/bar	**la cantina/el bar**	/lah kan-TEE-nah / ehl BAR/
school	**la escuela**	/lah ess-KWEH-lah/

synagogue	**la sinagoga**	/lah see-nah-GOH-gah/
garden	**el jardín**	/ehl har-DEEN/
park	**parque**	/PAR-keh/
bench	**la banca**	/lah BAN-kah/
bicycle	**la bicicleta**	/lah bee-see-KLEH-tah/
bus	**el autobús**	/ehl ah-oo-toh-BOOS/
airplane	**el avión**	/ehl ah-VYON/
police	**la policía**	/lah poh-lee-SEE-ah/
stores	**las tiendas**	/lass TYEN-dass/
This is a beautiful city.	**Esta es una hermosa ciudad.**	/ESS-tah ess oon-ah er-MOSS-ah syoo-DAD/

The Weather
El Clima
/ehl KLEE-mah/

| How's the weather? | **¿Cómo está el clima?** | /KOH-moh ess-TAH el KLEE-mah/ |

What's the temperature today?	¿A qué temperatura estamos?	/ah KEH tem-peh-rah-TOO-rah ess-TAH-moss/
The weather is...	El clima está...	/ehl KLEE-mah ess-TAH/
nice	lindo	/LEEN-doh/
not good	mal	/mahl/
fine	bien	/byen/
cold	frío	/FREE-oh/
cool	fresco	/FRESS-koh/
hot	caliente	/kah-LYEN-teh/
humid	húmedo	/OO-meh-doh/
cloudy	nublado	/noo-BLAH-doh/
foggy	con neblina	/kon neh-BLEE-nah/
sunny	soleado	/soh-leh-AH-doh/
rain	lluvia	/YOO-vyah/
snow	nieve	/NYEH-veh/
forecast	el pronóstico	/ehl proh-NOSS-tee-koh/
It's raining.	Está lloviendo.	/ess-TAH yoh-BYEN-doh/

It's storming outside.	**Hay una tormenta afuera.**	/ah-ee oon-ah tor-MEN-tah ah-FWER-ah/
It's snowing.	**Está nevando.**	/ess-TAH neh-VAN-doh/
There's a strong wind blowing.	**El viento está soplando fuerte.**	/ehl BYEN-toh ess-TAH soh-PLAN-doh/
Hi grandma, how's the weather in Miami?	**Hola abuela, ¿cómo está el clima en Miami?**	/OH-lah ah-BWEH-lah KOH-moh ess-TAH ehl KLEE-mah enn mah-ee-AH-mee/
thunder	**el trueno**	/ehl troo-EH-noh/
lightning	**el relámpago**	/ehl reh-LAM-pah-goh/
rainbow	**el arcoíris**	/eh lar-koh-EE-rees/
winter	**el invierno**	/ehl eem-BYER-noh/
summer	**el verano**	/ehl veh-RAH-noh/
spring	**la primavera**	/lah pree-mah-VEH-rah/
fall	**el otoño**	/ehl veh-RAH-noh/

	Nature **Naturaleza** */nah-too-rah-LEH-sah/*	
Look at the beautiful	Mira el(la) hermoso (a)....	/MEE-rah ehl ehr-MOH-soh// MEE-rah lah ehr-MOH-sah/
sky	el cielo	/ehl SYEH-loh/
land	la tierra	/lah TYER-rah/
grass	el pasto	/ehl PASS-toh/
field	el campo	/ehl KAM-poh/
tree	el árbol	/ehl AR-boll/
roots	las raíces	/lass rah-EE-sess/
tree trunk	el tronco	/ehl TRON-koh/
branches	las ramas	/lass RAH-mass/
waterfall	la cascada	/lah kas-KAH-dass/
river	el río	/ehl REE-oh/
natural spring	el manantial	/ehl mah-NAN-tyall/
lake	el lago	/ehl LAH-goh/
sea	el mar	/ehl MAR/

mountain	**la montaña**	/lah mon-TAH-nyah/
beach	**la playa**	/lah PLAH-yah/
sand	**la arena**	/lah ah-REH-nah/
sun	**el sol**	/ehl SOLL/
moon	**la luna**	/lah LOO-nah/
stars	**las estrellas**	/lass ess-TREH-yass/
clouds	**las nubes**	/lass NOO-bess/
air	**el aire**	/ehl AY-reh/
wind	**el viento**	/ehl BYEN-toh/
storm	**la tormenta**	/lah tor-MEN-tah/
flowers	**las flores**	/lass FLOH-ress/
vegetation	**la vegetación**	/lah veh-he-tah-SYONN/
stones	**las piedras**	/lass PYEH-drass/
mud	**el lodo**	/ehl LOH-doh/
flood	**la inundación**	/lah ee-noon-dah-SYONN/
earthquake	**el terremoto**	/ehl ter-reh-MOH-toh/

Animals
Animales
/ah-nee-MAH-less/

What's your favorite animal?	¿Cuál es tu animal favorito?	/KWAL ess too ah-nee-MAHL fah-voh-REE-toh/
lion	el león	/ehl leh-ONN/
monkey	el chango	/ehl CHAN-goh/
bear	el oso	/ehl OH-soh/
elephant	el elefante	/ehl eh-leh-FAN-teh/
tiger	el tigre	/ehl TEE-greh/
camel	el camello	/ehl kah-MEH-yoh/
fox	el zorro	/ehl SOH-rroh/
snake	la serpiente	/lah ser-PYEN-teh/
cow	la vaca	/lah VAH-kah/
horse	el caballo	/ehl kah-BAH-yoh/
donkey	el burro	/ehl BUH-roh/
sheep	la oveja	/lah oh-VEH-ha/
dog	el perro	/ehl PER-roh/
cat	el caballo	/ehl kah-BAH-yoh/

duck	**el pato**	/ehl PAH-toh/
goose	**el ganso**	/ehl GAN-soh/
frog	**el sapo**	/ehl SAH-poh/
bird	**el pájaro**	/ehl PAH-ha-roh/
fish	**el pez**	/ehl PESS/
deer	**el venado**	/ehl veh-NAH-doh/
My son loves the zoo.	**A mi hijo le encanta el zoológico.**	/ah mee EE-ho leh enn-KAN-tah ehl soh-LOH-hee-koh/
I prefer the petting zoo.	**Yo prefiero el zoológico de mascotas.**	/yoh preh-FYER-oh ehl soo-LOH-hee-koh deh mass-KOH-tass/

Colors
Colores
/koh-LOH-ress/

What color is this?	**¿De qué color es?**	/deh KEH koh-LOR ess/
This is blue.	**Eso es azul.**	/EH-soh es ah-SOOL/
white	**el blanco**	/ehl BLAN-koh/
black	**el negro**	/ehl NEH-groh/

red	el rojo	/ehl ROH-ho/
blue	el azul	/ehl ah-SOOL/
yellow	el amarillo	/ehl ah-mah-REE-yoh/
green	el verde	/ehl VER-deh/
orange	el naranja	/ehl nah-RAN-ha/
purple	el morado	/ehl moh-RAH-doh/
pink	el rosa	/ehl ROH-sah/
brown	el café	/ehl kah-FEH/
gold	el dorado	/ehl doh-RAH-doh/
silver	el plateado	/ehl plah-teh-AH-doh/
gray	el gris	/ehl GREES/
light	claro	/KLAH-roh/
dark	oscuro	/oss-KOO-roh/
My favorite color is blue.	Mi color favorito es el azul.	/mee koh-LOR fah-voh-REE-toh ess ehl ah-SOOL/
The grass is green.	El pasto es verde.	/ehl PASS-toh ess VER-deh/

| Obama is the first black president of the USA. | **Obama es el primer presidente negro de los Estados Unidos.** | /oh-BAH-mah ess ehl pree-MER preh-see-DEN-teh NEH-groh deh loss ess-TAH-doss oo-NEE-doss/ |

High-Tech
Tecnología de Punta
/tek-noh-loh-HEE-ah deh POON-tah/

technology	**la tecnología**	/lah tek-noh-loh-HEE-ah/
computer	**la computadora**	/lah kom-poo-tah-DOH-rah/
laptop	**la computadora portátil**	/la kom-poo-tah-DOH-rah por-TAH-teel/
tablet	**la tableta**	/lah tah-BLEH-tah/
mouse	**el ratón**	/ehl rah-TON/
keyboard	**el teclado**	/ehl teh-KLAH-doh/
screen	**la pantalla**	/lah pan-TAH-yah/

program	**el programa**	/ehl proh-GRAH-mah/
email	**el correo electrónico**	/ehl koh-REH-oh eh-lek-TROH-nee-koh/
password	**la contraseña**	/lah kon-trah-SEH-nyah/
website	**el sitio web**	/ehl SEE-tyoh WEB/
homepage	**la página inicial**	/lah PAH-hee-nah ee-nee-SYALL/
link	**el link**	/ehl leenk/
search engine	**el motor de búsqueda**	/ehl moh-TOR deh BOOS-keh-dah/
to surf	**navegar**	/nah-veh-GAR/
social media	**redes sociales**	/REH-dess soh-SYALL-ess/

SPANISH IS THE SECOND MOST STUDIED LANGUAGE IN THE MUNDO (WORLD). RIGHT NOW THERE ARE ABOUT 23 MILLION PEOPLE STUDYING SPANISH.

GOOD TO KNOW

	Don't Forget These **No Olvides Estas Frases** /noh ohl-VEE-dess ESS-tass FRAH-sess/	
Come here.	Ven aquí.	/VENN ah-KEE/
That's not nice.	Eso no está bien.	/EH-soh noh ess-TAH BYEN/
I don't have any time.	No tengo tiempo.	/noh TENN-goh TYEM-poh/
That's how it goes.	Así va.	/ah-SEE VAH/
truthfully	verdaderamente	/ver-dah-deh-rah-MEN-teh/
Have a look.	Mira.	/MEE-rah/
Listen in.	Escucha.	/ess-KOO-chah/
It's not your business.	No te incumbe.	/noh teh een-KOOM-beh/
Where're you from?	¿De dónde eres?	/deh DON-deh EH-ress/

Do you know Don Rodriguez?	¿Conoces a Don Rodríguez?	/koh-NOH-sess ah DON roh-DREE-gess/
Yeah, sure I know him.	Sí, claro que lo conozco.	/see KLAH-roh keh loh koh-NOSS-koh/
We grew up together.	Crecimos juntos.	/kre-SEE-moss HOON-toss/
Be quiet!	¡Cállate!	/KAH-yah-teh/
Wait a second.	Espera un segundo.	/ess-PEH-rah oon seh-GOON-do/
Don't bother me.	No me molestes.	/noh meh moh-LESS-tess/

Expressions and Slang
Expresiones
/eks-preh-SYOH-ness/

Don't exaggerate!	¡No exageres!	/noh ek-sah-HEH-ress/
It's awesome.	Es genial.	/ess he-NYALL/
In your dreams.	Ni en tus sueños.	/nee enn toos SWEH-nyoss/

Unbelievable.	Increíble.	/een-kreh-EE-bleh/
Can't be.	No puede ser.	/noh PWEH-deh ser/
Awesome!	¡Genial!	/he-NYALL/
Whoa!	¡Cuidado!	/kwee-DAH-doh/
With pleasure!	¡Será un placer!	/seh-RAH oon plah-SER/
from A to Z	de la A a la Z	/deh lah AH ah lah SEH-tah/
last but not least	el último pero no menos importante	/ehl OOL-tee-moh peh-roh NOH MEH-noss eem-por-TAN-teh/
by the way	por cierto	/por SYER-toh/
the straw that broke the camel's back	la gota que derramó el vaso.	/lah GOH-tah keh der-rah-MOH ehl VAH-soh/
That's it.	Eso es.	/eh-soh ess/
unusual	inusual	/ee-noo-SWALL/
time will tell	el tiempo lo dirá	/ehl TYEM-poh loh dee-RAH/
cream of the crop	la crema y nata	/lah CREH-mah ee NAH-tah/

the cherry on the cream	la cereza en el pastel	/lah seh-REH-sah enn ehl pass-TELL/
I'll scratch your back you scratch mine.	Me haces un favor y yo te hago otro.	/meh AH-sess oon fah-VOR ee YOH teh AH-goh OH-troh/
I've had enough.	Ya tuve suficiente.	/yah TOO-veh soo-fee-SYEN-teh/
He's got a screw loose.	Se le perdió un tornillo.	/seh meh per-DYOH oon tor-NEE-yoh/
What do I care?	¿Qué me importa?	/KEH meh eem-POR-tah/
horrible	horrible	/or-REE-bleh/
nonsense	no tiene sentido	/noh TYEH-neh senn-TEE-doh/
excellent	excelente	/ek-seh-LENN-teh/
sweetheart	cariño	/kah-REE-nyoh/

Adjectives
Adjetivos
/ad-he-TEE-voss/

It's...	Es...	/ess/
bad	malo	/MAH-loh/
big	grande	/GRAN-deh/
broken	roto	/ROH-toh/
cheap	barato	/bah-RAH-toh/
clean	limpio	/LEEM-pyoh/
closed	cerrado	/seh-RAH-doh/
cold	frío	/FREE-oh/
complete	completo	/kom-PLEH-toh/
difficult	difícil	/dee-FEE-seel/
dirty	sucio	/SOO-syoh/
dry	seco	/SEH-koh/
easy~easy-shmeezy	fácil~facilito	/FAH-seel/~/ fah-see-LEE-toh/
empty	vacío	/vah-SEE-oh/
expensive	caro	/KAH-roh/
fast	rápido	/RAH-pee-doh/
full	lleno	/YEH-noh/

good	bueno	/BWEN-oh/
great	genial	/he-NYALL/
hard	duro	/DOO-roh/
horrible	horrible	/oh-REE-bleh/
hot	caliente	/kah-LYEN-teh/
important	importante	/eem-por-TAN-teh/
interesting	interesante	/een-teh-reh-SAN-teh/
long	largo	/LAR-goh/
loose	flojo	/FLOH-ho/
low	bajo	/BAH-ho/
new	nuevo	/NWEH-voh/
pleasant	placentero	/plah-sen-TEH-roh/
normal	normal	/nor-MAHL/
old	viejo	/VYEH-ho/
open	abierto	/ah-BYER-toh/
poor	pobre	/POH-breh/
rich	rico	/REE-koh/
short	corto	/KOR-toh/
slow	lento	/LEN-toh/
small	pequeño	/peh-KEH-nyoh/

soft	**suave**	/SWAH-veh/
strange	**raro**	/RAH-roh/
strong	**fuerte**	/FWER-teh/
tall	**alto**	/AHL-toh/
tasty	**sabroso**	/sah-BROH-soh/
thick	**grueso**	/groo-EH-soh/
thin	**delgado**	/dell-GAH-doh/
tight	**apretado**	/ah-preh-TAH-doh/
totally awesome	**totalmente increíble**	/toh-tahl-MEN-teh een-kreh-EE-bleh/
weak	**débil**	/DEH-beel/
wet	**mojado**	/moh-HA-doh/
young	**joven**	/HO-venn/

Prepositions
Preposiciones
/preh-poh-see-SYOH-ness/

in	en/adentro	/ah-DEN-troh/
with	con	/KON/
and	y	/ee/

for	para	/PAH-rah/
before	antes	/ANN-tess/
after	después	/dess-PWESS/
on	sobre	/SOH-breh/
to	para	/PAH-rah/
next to	junto a	/HOON-toh/
here	aquí	/ah-KEE/
there	allá	/ah-YAH/
close	cerca	/SER-kah/
far	lejos	/LEH-hoss/
between	en medio	/enn MEH-dyoh/
until	hasta	/ASS-tah/
over	sobre	/SOH-breh/
under	debajo	/deh-BAH-ho/
up	arriba	/ah-REE-bah/
down	abajo	/ah-BAH-ho/
around	alrededor	/ahl-reh-deh-DOR/
out	fuera	/FWEH-rah/
behind	atrás	/ah-TRASS/
on the side	al lado	/ahl LAH-doh/
opposite	opuesto	/oh-PWESS-toh/

Verbs
Verbos
/VER-boss/

All verbs are written in their infinitive.

allow	permitir	/per-mee-TEER/
answer	contestar	/kon-tess-TAR/
ask	preguntar	/preh-goon-TAR/
bake	hornear	/ohr-neh-AR/
be silent	callar	/kah-YAR/
believe	creer	/kreh-EHR/
bless	bendecir	/benn-deh-SEER/
bring	traer	/trah-EHR/
call	llamar	/yah-MAR/
change	cambiar	/kam-BYAR/
clean	limpiar	/leem-PYAR/
close	cerrar	/seh-RAR/
color	colorear	/koh-loh-reh-AR/
come	venir	/veh-NEER/
cook	cocinar	/koh-see-NAR/
count	contar	/kon-TAR/
cover	cubrir	/koo-BREER/
crawl	gatear	/gah-teh-AR/

cry	llorar	/yoh-RAR/
cut	cortar	/kor-TAR/
dance	bailar	/bah-ee-LAR/
disturb	molestar	/moh-less-TAR/
do	hacer	/ah-SER/
drink	beber	/beh-BER/
end	terminar	/ter-mee-NAR/
escort	escoltar	/ess-koll-TAR/
exchange	intercambiar	/een-ter-kam-BYAR/
feel	sentir	/senn-TEER/
find	buscar	/boos-KAR/
fix	arreglar	/ah-reh-GLAR/
forget	olvidar	/ohl-vee-DAR/
give	dar	/DAR/
guard	proteger	/proh-teh-HER/
hear	escuchar	/ess-koo-CHAR/
help	ayudar	/ah-yoo-DAR/
hope	esperar	/ess-peh-RAR/
jump	saltar	/sahl-TAR/
know	saber	/sah-BER/
laugh	reír	/reh-EER/

lend	**prestar**	/press-TAR/
borrow	**tomar prestado**	/toh-MAR press-TAH-doh/
lie down	**recostarse**	/reh-kos-TAR-seh/
live	**vivir**	/vee-VEER/
look	**mirar**	/mee-RAR/
lose	**perder**	/per-DER/
mix	**mezclar**	/mess-KLAR/
marry	**casarse**	/kah-SAR-seh/
open	**abrir**	/ah-BREER/
organize	**organizar**	/ohr-gah-nee-SAR/
pay	**pagar**	/pah-GAR/
play (a game)	**jugar**	/hoo-GAR/
play (a instrument)	**tocar**	/toh-KAR/
pour	**derramar**	/deh-RAH-mar/
pray	**orar**	/oh-RAR/
receive	**recibir**	/reh-see-BEER/
recognize	**reconocer**	/reh-koh-noh-SER/
remember	**recordar**	/reh-kor-DAR/
remind	**recordar**	/reh-kor-DAR/
rent	**rentar**	/ren-TAR/

request	solicitar	/soh-lee-see-TAR/
run	correr	/koh-RER/
run away	escapar	/ess-kah-PAR/
save	salvar	/sahl-VAR/
say	decir	/deh-SEER/
scream	gritar	/gree-TAR/
search	buscar	/boos-KAR/
see	ver	/VER/
sell	vender	/ven-DER/
send	enviar	/enn-VYAR/
show	mostrar	/moss-TRAR/
sing	cantar	/kan-TAR/
sit	sentar	/senn-TAR/
sketch	hacer un boceto	/ah-SER oon boh-SEH-toh/
smell	oler	/oh-LER/
smile	sonreír	/sonn-reh-EER/
swim	nadar	/nah-DAR/
take	tomar	/toh-MAR/
take a stroll	dar un paseo	/dar oon pah-SEH-oh/
take pride	enorgullecerse	/en-ohr-goo-yeh-SER-seh/

thank	agradecer	/ah-grah-deh-SER/
think	pensar	/pen-SAR/
throw	aventar	/ah-ven-TAR/
travel	viajar	/vya-HAR/
try	intentar	/een-ten-TAR/
visit	visitar	/vee-see-TAR/
wait	esperar	/ess-peh-RAR/
wash	lavar	/lah-VAR/
work	trabajar	/trah-bah-HAR/
worry	preocuparse	/preh-oh-koo-PAR-seh/
write	escribir	/ess-kree-BEER/

MEXICO CONTAINS THE LARGEST POPULATION OF SPANISH SPEAKERS WITH 117 MILLION FOLLOWED BY LOS ESTADOS UNIDOS (THE UNITED STATES) WITH 45 MILLION.

TALK

*Good job!
You made it this far. Keep up the good work and talk the talk. In this section we're going to get deep into some day-to-day conversations.
See you on the other side ;)*

A New Student
Un Estudiante Nuevo
/oon NWE-voh ehs-too-DYAN-teh/

Welcome!	¡Bienvenido!	/byen-veh-NEE-doh/
Do you study here?	¿Estudias aquí?	/ehs-TOO-dyass ah-KEE/
Yes, I am a new student.	Sí, soy un estudiante nuevo.	/SEE SOY oon ehs-too-DYAN-tee NWE-voh/
Where are you from?	¿De dónde eres?	/deh DONN-deh EH-ress/
I'm from Miami.	Soy de Miami.	/SOY deh mah-YAH-mee/
What's your name?	¿Cómo te llamas?	/KOH-moh teh YAH-mass/
My name is Alex Dinero.	Mi nombre es Alex Dinero.	/mee NOM-breh ehs AH-leks dee-NEH-roh/
Alex, do you already have friends?	Alex, ¿ya tienes amigos?	/AH-leks YAH TYEN-ess ah-MEE-goss/
No, not yet.	No, todavía no.	/NOH toh-dah-VEE-ah NOH/

| I'm Sammy Sosa and I'll be your friend. | Yo me llamo Sammy Sosa y seré tu amigo. | /YOH meh YAH-moh SAH-mee SOH-sah ee seh-REH too ah-MEE-goh/ |

	In the Book Store **En la Librería** */ehn lah lee-breh-REE-ah/*	
Do you work here?	¿Trabajas aquí?	/trah-BAH-hass ah-KEE/
Yes, How can I help?	Sí, ¿Cómo te puedo ayudar?	/SEE KOH-moh teh PWE-doh ah-yoo-DAHR/
What do you need?	¿Qué necesitas?	/KEH neh-seh-SEE-tass/
I want to buy a book to learn Spanish.	Quiero comprar un libro para aprender español.	/KYEH-roh kom-PRAHR oon LEE-broh PAH-rah ah-pren-DEHR ess-pah-NYOL/
Do you have?	¿Tienes?	/TYEN-ess/

I have many kinds, what kind do you want?	**Tengo de muchos tipos. ¿De qué tipo quieres?**	/TEN-goh deh MOO-choss TEE-poss/ deh KEH TEE-poh KYEH-ress/
From English to Spanish.	**De inglés a español.**	/deh een-GLESS ah ess-pah-NYOL/
Yeah, I have.	**Claro, lo tengo.**	/KLAH-roh loh TEN-goh/
From which publisher?	**¿De qué editorial?**	/deh KEH eh-dee-toh-RYAL/
It doesn't make a difference.	**El que sea está bien.**	/ehl keh SEH-ah ess-TAH BYEN/
Here's the best one that I have.	**Este es el mejor que tengo.**	/ESS-teh ess ehl meh-HOR keh TEN-goh/
How much is it?	**¿Cuánto cuesta?**	/KWAN-toh KWES-tah/
Only 90 pesos.	**Tan solo 90 pesos.**	/tann SOH-loh noh-VENN-tah PEH-soss/
What a deal! I'll take two.	**¡Qué buena oferta! Me llevo dos.**	/KEH BWEN-ah oh-FERR-tah/ meh LYEH-voh DOSS/

Expressions for Any Store
Expresiones para Cualquier Tienda
/eks-preh-SYON-ess PAH-rah kwal-KYER TYEN-dah/

We usually ask when do you close?	¿A qué hora cierran?	/ah KEH OH-rah SYEH-rran/
Is there a...?	¿Tienen un(a)...?	/TYEN-enn oon / oon-ah/
How much does this cost?	¿Cuánto cuesta?	/KWAN-toh KWES-tah/
That's very expensive.	Es muy caro.	/ess MOO-ee KAH-roh/
can you give me a better price?	¿Me puedes mejorar el precio?	/meh PWEH-dess meh-ho-RAR ehl PREH-syoh/
Is there a cheaper one?	¿Tienes uno más barato?	/TYEN-ess oon-oh MASS bah-RAH-toh/
Can you order it for me?	¿Puedo pedirlo?	/PWEH-doh peh-DEER-loh/
When will you have it?	¿Cuándo lo tendrán?	/KWAN-doh loh ten-DRANN/

Is it possible to send it the mail?	¿Me lo pueden enviar a domicilio?	/meh loh PWEH-denn enn-VYAR ah doh-mee-SEE-lyoh/
Is it good quality?	¿Es de buena calidad?	/ess deh BWEH-nah kah-lee-DAD/
Can you give me a discount?	¿Me harían un descuento?	/meh ah-REE-ann oon dess-KWEN-toh/
Can you give me a discount?	¿Me puedes hacer un descuento?	/meh PWEH-dess ah-SER oon dess-KWEN-toh/
I'd like to buy some souvenirs.	Me gustaría comprar recuerdos.	/meh goos-tah-REE-ah kom-PRAR reh-KWER-doss/
What do you recommend?	¿Qué me recomiendas?	/KEH meh reh-koh-MYEN-dass/
Do you have change?	¿Tienes cambio?	/TYEN-ess KAM-byoh/
Can you give me a receipt?	¿Me puedes dar un recibo?	/meh PWEH-dess dar oon reh-SEE-boh/
I need a bag, please.	Necesito una bolsa, por favor	/neh-seh-SEE-toh oo-nah BOLL-sah por fah-VORR/

| Thank you for coming to my store. | Gracias por venir a mi tienda. | /GRAH-syass por veh-NEER ah mee TYEN-dah/ |

Taxi
Taxi
/TAK-see/

Let's take a cab.	Tomemos un taxi.	/toh-MEH-moss oon TAK-see/
I want to go to...	Quiero ir a...	/KYEH-roh eer ah.../
Approximately how much will it cost to travel to...?	Aproximadamente, ¿Cuánto nos costará ir a....?	/ah-PROK-see-mah-dah-MEN-teh / KWAN-toh noss kos-tah-RAH eer ah/
For tourists we have special price.	Tenemos un precio especial para turistas.	/ten-EH-moss oon PREH-syoh ess-peh-SYAL PAH-rah too-REES-tass/
How much will it be with the meter?	¿Cuánto será con el taxímetro?	/KWAN-toh seh-RAH konn ehl tak-SEE-meh-troh/

How much is it with a flat rate?	¿Cuánto nos cobra en total?	/KWAN-toh noss KOH-brah enn toh-TALL/
Please turn on the meter.	Por favor inicie el taxímetro.	/por fah-VORR ee-NEE-syeh ehl tak-SEE-meh-troh/
I'll get out here.	Aquí me bajo.	/ah-KEE meh BAH-ho/

Speak Spanish with the Kids
Hablar Español con Niños
/ah-BLAHR ess-pah-NYOL kon NEE-nyoss/

Good morning my dear son!	¡Buenos días mí querido hijo!	/BWE-noss DEE-ash mee keh-REE-doh EE-ho/
Good morning my dear daughter!	¡Buenos días mí querida hija!	/BWE-noss DEE-ash mee keh-REE-dah EE-hah/
Such a good boy!	¡Qué buen niño!	/KEH BWEN NEE-nyoh/
Such a good girl!	¡Qué buena niña!	/KEH BWEN-ah NEE-nyah/

Wash your hands!	¡Lávate las manos!	/LAH-vah-teh lass MAH-noss/
It's time to get dressed!	¡Es hora de cambiarse!	/ess OH-rah deh kam-BYAR-seh/
Come here!	¡Ven aquí!	/venn ah-KEE/
Are you ready?	¿Estás listo(a)?	/ess-TASS LEES-toh/
How was school?	¿Cómo te fue en la escuela?	/KOH-mo teh FWEH enn lah ess-KWEH-lah/
What did you learn today?	¿Qué aprendiste hoy?	/KEH ah-PREN-dees-teh OH-ee/
Do you want to eat?	¿Quieres comer?	/KYEH-ress koh-MER/
What do you want to eat?	¿Qué quieres comer?	/KEH KYEH-ress koh-MER/
Do you want a piece?	¿Quieres un pedazo?	/KYEH-ress oon peh-DAH-soh/
Who do you want to play with?	¿Con quién quieres jugar?	/kon KYEN KYEH-ress hoo-GAR/
Don't play rough!	¡No juegues brusco!	/NOH HWEH-guess BROOS-koh/

Have a little patience!	¡Ten paciencia!	/TEN pah-SYEN-syah/
Good night sweetie!	¡Buenas noches mi amor!	/BWEH-nass NOH-chess mee ah-MOR/
Sweet dreams!	¡Dulces sueños!	/DOOL-sess SWEH-nyoss/
You're the best boy in the whole world!	¡Eres el mejor niño del mundo!	/EH-ress ehl meh-HOR NEE-nyoh dehl MOON-doh/
You're the best girl in the whole world!	¡Eres la mejor niña del mundo!	/EH-ress lah meh-HOR NEE-yah dehl MOON-doh/

Housekeeper
Ama de llaves
/AH-mah deh YAH-vess/

Hi Rosetta, how are you?	Hola Rosetta, ¿cómo estás?	/OH-lah roh-SEH-tah/ KOH-moh ess-TASS/
Fine, thank you.	Bien, gracias.	/BYEN GRAH-syass/

Are you available to come to my house this week?	¿Puedes venir a mi casa esta semana?	/PWEH-dess veh-NEER ah mee KAH-sah ESS-tah seh-MAH-nah/
What days do you need me?	¿Qué días me necesitas?	/KEH DEE-ass meh neh-seh-SEE-tass/
Monday and Thursday are best for me.	El lunes y el jueves me parecen bien.	/ehl LOO-ness ee ehl HWEH-vess meh pah-REH-senn BYEN/
On Thursday I can only come for one hour.	El jueves solo puedo ir una hora.	/ehl HWEH-vess SOH-loh PWEH-doh EER OON-ah OH-rah/
I can come on Monday and Friday, is that good?	Puedo ir el lunes y el viernes, ¿está bien?	/PWEH-doh EER ehl HWEH-vess ee ehl VYER-ness / ess-TAH BYEN/
That works too.	También está bien.	/tam-BYEN ess-tAH BYEN/
Can you please clean this room?	¿Puedes limpiar este cuarto?	/PWEH-dess leem-PYAR ESS-teh KWAR-toh/

Sure, no problem.	**Claro, no hay problema.**	/KLAH-roh noh AH-ee proh-BLEH-mah/
How much money do I owe you?	**¿Cuánto dinero te debo?**	/KWAN-toh dee-NEH-roh teh DEH-boh/
You owe me 30 dollars.	**Me debes treinta dólares.**	/meh DEH-bess TREH-een-tah DOH-lah-ress/
Can I pay you next week?	**¿Puedo pagarte la próxima semana?**	/PWEH-doh pah-GAR-teh lah PROK-see-mah seh-MAH-nah/
Have a great weekend!	**¡Que tengas un buen fin de semana!**	/KEH TEN-gas oon BWEN FEEN deh seh-MAH-nah/
You too!	**¡Tú también!**	/TOO tam-BYENN/

GRAMMAR

Many people quiver in fear when they think about grammar, but I know that you're the kind of person that can handle it. Take it slow and have a good time.

Every noun (naming word) in Spanish is either masculine or feminine. The word for "the" is either **el** (before masculine nouns) or **la** (before feminine nouns). For plural nouns the **el** becomes **los** and the **la** becomes **las**.

the coat	el abrigo
the plate	el plato
the cars	los carros
the skirt	la falda
the cup	la taza
the shops	las tiendas

Most nouns that end in "o" are masculine and those that end in "a", are feminine. There are, however, some exceptions:

the sofa	el sofá
the problem	el problema
the map	el mapa
the hand	la mano
the photo	la foto

Spanish has two words for "a/an": **un** and **una**. The gender of the noun determines which one you use.

an egg	un huevo
a dog	un perro
a llama	a llama
una cebra	a zebra

Spanish has two words for the English verb 'be': **ser** and **estar** which are used depending on the context.	
Use of **ser** (to be)	
permanent characteristics of persons/things	
Ángel is very nice.	Ángel es muy amable.
occupation or nationality	
Sarita is from Puerto Rico.	Sarita es de Puerto Rico.
time and location of events	
It's 3 o'clock.	Son las tres.
possession	
Whose backpack is this?	¿De quién es esta mochila?
Use of **estar** (to be)	
temporary characteristics of persons/things	
The meal is cold.	La comida está fría.

time and location of persons/things	
We are in Buenos Aires.	Estamos en Buenos Aires.
A person's mood	
I'm happy.	Estoy contento/a m/f.

Ser (to be) – Present Tense			
I	am	yo	soy
you sg inf	are	tú*	eres*
you sg pol	are	Usted	es
he/she	is	él/ella	es
we	are	nosotros m nosotras f	somos
you	are	Ustedes	son
they	are	ellos m ellas f	son

*Note that vos sos is used instead of tú eres in Argentina, Uruguay and Central America.

Estar (to be) – Present Tense			
I	am	yo	estoy

you sg inf	are	tú	estás
you sg pol	are	Usted	está
he/she	is	él/ella	está
we	are	nosotros m nosotras f	estamos
you	are	Ustedes	están
they	are	ellos m ellas f	están

Tener (to Have) – Present Tense

Possession can be indicated in various ways in Spanish. One way is by saying my, your etc. (see page 33 for more on that). The easiest way is by using the verb **tener** (to have).

I	have	yo	tengo
you sg inf	have	tú	tienes
you sg formal	have	usted	tiene
he/she	has	él/ella	tiene

we	have	nosotros m nosotras f	tenemos
you	have	Ustedes	tienen
they	have	ellos m ellas f	tienen

Verbs

There are three verb categories in Spanish – verbs whose infinitive (dictionary form) ends in –ar, -er, or ir, eg. **hablar** (talk), **comer** (eat), **vivir** (live). Tenses are formed by adding various endings for each person to the verb stem (the part that remains after removing –ar, -er, or –ir from the infinitive) or simply to the infinitive, and for the most verbs these endings follow regular patterns. The verb endings for the present, past and future tenses are presented in the following tables. For negative forms of verbs, see negatives.

PRESENT TENSE		hablar	comer	vivir
I	yo	habl**o**	com**o**	viv**o**
you sg inf	tú	habl**as**	com**es**	viv**es**
you sg formal	Usted	habl**a**	com**e**	viv**e**
he/she	él/ella	habl**a**	com**e**	viv**e**

we	nosotros m / nosotras f	hablamos	comemos	vivimos
you pl	Ustedes	hablan	comen	viven
they	ellos m / ellas f	hablan	comen	viven

PAST TENSE				
		hablar	comer	vivir
I	yo	hablé	comí	vivo
you sg inf	tú	hablaste	comiste	vives
you sg formal	Usted	habló	comió	vive
he/she	él/ella	habló	comió	vive
we	nosotros m / nosotras f	hablamos	comimos	vivimos

		Ustedes	hablaron	comieron	viven
you	pl	ellos m ellas f	hablaron	comieron	viven
they					

In the future tense, all three verb categories have the same endings added to the infinitive:

FUTURE TENSE		hablar	comer	vivir
I	yo	hablaré	comeré	viviré
you sg inf	tú	hablarás	comerás	vivirás
you sg pol	Usted	hablará	comerá	vivirá
he/she	él/ella	hablará	comerá	vivirá
we	nosotros m nosotras f	hablaremos	comeremos	viviremos
you pl	Ustedes	hablarán	comerán	vivirán
they	ellos m ellas f	hablarán	comerán	vivirán

Negatives
To make a negative statement, just add the word **no** (not) before the main verb of the sentence:

I don't live with my family.	**No vivo con mi familia.** (lit: not I-live with my family)

Contrary to English, Spanish uses double negatives:

I have nothing to declare.	**No tengo nada que declarar.** (lit: not I-have nothing that to declare)

COOL STUFF

I call this next section "Cool Stuff", simply because appendix sounds too academic. It's a chapter in the book that is small in size but HUGE in flavour.

Jokes
Chistes
/CHEES-tess/

Why is the math book sad? Because it has a lot of problems.	¿Por qué está triste el cuaderno de matemáticas? – Porque tiene muchos problemas.	/por-KEH ess-TAH TREES-teh ehl kwah-DER-noh deh mah-teh-MAH-tee-kas/ POR-keh TYEH-neh MOO-choss proh-BLEH-mass//
One soldier says to the other, "There are people coming." "Are they friends or enemies?" "They must be friends because they are all coming together."	Un soldado le dice a otro: – Viene gente. – ¿Son amigos o enemigos? – Deben ser amigos porque vienen todos juntos.	/oon sol-DAH-doh leh DEE-seh ah OH-troh/ VYEH-neh HEN-teh/ son ah-MEE-gos oh eh-neh-MEE-goss/ DEH-ben ser ah-MEE-gos POR-keh VYEH-nen TOH-dos HOON-toss//

If I have four pesos in my pocket and two fall out, what do I have in my pocket now? A hole!	Si tengo cuatro pesos en el bolsillo y se me caen dos, ¿qué tengo ahora en el bolsillo? – ¡Un agujero!	/see TEN-goh KWAH-troh PEH-sos en ehl bohl-SEE-yoh ee seh meh KAH-enn dos/ KEH TEN-goh ah-OH-rah en ehl bohl-SEE-yoh/ oon ah-goo-HEH-roh//
Carlitos, name six wild animals. – Four elephants and two lions!	– Carlitos, nombra seis animales salvajes. – ¡Cuatro elefantes y dos leones!	/kar-LEE-toss NOM-brah SEH-ees ah-nee-MAH-less sahl-VAH-hess/ KWAH-troh eh-leh-FAN-tess ee doss leh-OH-ness//
Why does the teacher use dark glasses? Because her students are bright.	¿Por qué la maestra usa lentes oscuros? – Porque sus alumnos son brillantes.	/por-KEH lah mah-ESS-trah OOH-sah LEN-tess oss-KOO-ross/ POR-keh soos ah-LOOM-noss sonn bree-YANN-tess//

Tell me, children, what month has 28 days? – All of them!	– Díganme, niños...¿Qué mes tiene 28 días? – ¡Todos!	/DEE-gan-meh NEE-nyoss/ KEH mes TYEH-neh veh-een-tee-OH-choh DEE-ass/ TOH-doss//
There are three kinds of people: - Those who know how to count, and those who don't.	Hay tres clases de personas: -Las que saben contar y las que no.	/AH-ee tress KLAH-ses deh per-SOH-nass/ lass keh SAH-ben kon-TAR ee lass keh NOH//
A patient enters the doctor's office. -Doctor: What is it that's brought you here? -Patient: An ambulance. Why?	Un paciente entra en la consulta del médico. - Doctor: ¿Qué es lo que le ha traído por aquí? -Paciente: Una ambulancia, ¿por qué?	/oon pah-SYEN-teh ENN-trah enn lah kon-SOOL-tah dell MEH-dee-koh/ KEH ess loh keh leh AH trah-EE-doh por ah-KEE/ OOH-nah ahm-boo-LAN-syah por KEH//

-Doctor, doctor, I have broken my arm in several places. -Well, if I were you, I wouldn't go back to those places.	- Doctor, doctor, me he roto el brazo en varios sitios. .- Pues yo que usted no volvería a esos sitios.	/dok-TOR dok-TOR meh eh ROH-toh ehl BRAH-soh en VAH-ryoss SEE-tyoss/ pwess YOH keh oos-TED noh voll-veh-REE-ah ah EH-soss SEE-tyoss//

Here is a list of perfect English-Spanish cognates that I have selected for their practicality. Cognates are words that are written the same in two languages. There are also many words that are written almost identically, but the best way to start is with the words that are written exactly the same in both languages. Cognates are great for two reasons. Firstly, they're kind of like getting free words because you already know them. Secondly, They're a great way to learn to read Spanish. Enjoy!

Spanish	English	
Actor	Actor	/ak-TOR/
Admirable	Admirable	/ad-mee-RAH-bleh/
Agenda	Agenda	/ah-HEN-dah/
Alcohol	Alcohol	/ahl-KOHL/
Animal	Animal	/ah-nee-MAL/
Area	Area	/AH-reh-ah/
Artificial	Artificial	/ahr-tee-fee-SYAHL/
Auto	Auto	/AH-oo-toh/
Balance	Balance	/bah-LAN-seh/
Base	Base	/BAH-seh/

Café	**Cafe**	/kah-FEH/
Canal	**Canal/Channel**	/kah-NAHL/
Capital	**Capital**	/kah-pee-TAHL/
Cartón	**Carton/ Cardboard**	/kar-TOHN/
Central	**Central**	/sen-TRAHL/
Cheque	**Cheque**	/CHEH-keh/
Chocolate	**Chocolate**	/choh-koh-LAH-teh/
Circular	**Circular**	/seer-koo-LAR/
Civil	**Civil**	/see-VEEL/
Club	**Club**	/kloob/
Collar	**Collar**	/koh-LYAR/
Conclusión	**Conclusion**	/kon-kloo-SYON/
Conductor	**Conductor**	/kon-dook-TOR/
Confusión	**Confusion**	/kon-foo-SYON/
Considerable	**Considerable**	/kon-see-deh-RAH-bleh/
Control	**Control**	/kon-TROLL/
Criminal	**Criminal**	/kree-mee-NAHL/
Crisis	**Crisis**	/KREE-sees/
Cultural	**Cultural**	/kool-too-RAHL/

Debate	**Debate**	/deh-BAH-teh/
Decisión	**Decision**	/deh-see-SYON/
Dimensión	**Dimension**	/dee-men-SYON/
Director	**Director**	/dee-rek-TOR/
Disco	**Disco/Disk**	/DEES-koh/
División	**Division**	/dee-vee-SYON/
Doctor	**Doctor**	/dok-TOR/
Error	**Error**	/eh-RROR/
Exclusivo	**Exclusive**	/eks-kloo-SEE-voh/
Experimental	**Experimental**	/eks-peh-ree-men-TAHL/
Explosión	**Explosion**	/eks-ploh-SYON/
Extensión	**Extension**	/eks-ten-SYON/
Factor	**Factor**	/fak-TOR/
Familiar	**Familiar**	/fah-mee-LYAR/
Federal	**Federal**	/feh-deh-RAHL/
Festival	**Festival**	/fes-tee-VAHL/
Final	**Final**	/fee-NAHL/
Flexible	**Flexible**	/flek-SEE-bleh/
Formal	**Formal**	/for-MAHL/
Fórmula	**Formula**	/FOR-moo-lah/

Fundamental	Fundamental	/foon-dah-men-TAHL/
General	General	/heh-neh-RAHL/
Global	Global	/gloh-BAHL/
Habitual	Habitual	/ah-bee-TWAHL/
Hobby	Hobby	/HO-bee/
Hospital	Hospital	/ohs-pee-TAHL/
Hotel	Hotel	/oh-TELL/
Idea	Idea	/ee-DEH-ah/
Ideal	Ideal	/ee-deh-AHL/
Individual	Individual	/een-dee-vee-DWAHL/
Industrial	Industrial	/een-doos-TRYAHL/
Inevitable	Inevitable	/ee-neh-vee-TAH-bleh/
Inferior	Inferior	/een-feh-RYOR/
Informal	Informal	/een-for-MAHL/
Informativo	Informative	/een-for-mah-TEE-voh/
Invisible	Invisible	/een-vee-SEE-bleh/
Irregular	Irregular	/ee-rreh-goo-LAHR/
Kilo	Kilo	/KEE-loh/

Liberal	**Liberal**	/lee-beh-RAHL/
Literal	**Literal**	/lee-teh-RAHL/
Local	**Local**	/loh-KAHL/
Mango	**Mango**	/MAN-goh/
Manía	**Mania**	/mah-NEE-ah/
Manual	**Manual**	/mah-NWAHL/
Material	**Material**	/mah-teh-RYAHL/
Mediocre	**Mediocre**	/meh-DYOH-kreh/
Melón	**Melon**	/meh-LON/
Mental	**Mental**	/men-TAHL/
Menú	**Menu**	/meh-NOO/
Metal	**Metal**	/meh-TAHL/
Miserable	**Miserable**	/mee-seh-RAH-bleh/
Motel	**Motel**	/moh-TELL/
Motor	**Motor**	/moh-TOR/
Musical	**Musical**	/moo-see-KAHL/
Natural	**Natural**	/nah-too-RAHL/
Normal	**Normal**	/nor-MAHL/
Nostalgia	**Nostalgia**	/nos-TAHL-hee-ah/
Ópera	**Opera**	/OH-peh-rah/
Oral	**Oral**	/oh-RAHL/

Original	Original	/oh-ree-hee-NAHL/
Particular	Particular	/par-tee-koo-LAR/
Patio	Patio	/PAH-tee-oh/
Peculiar	Peculiar	/peh-koo-LYAR/
Personal	Personal	/per-soh-NAHL/
Piano	Piano	/PYAH-noh/
Popular	Popular	/poh-poo-LAR/
Principal	Principal	/preen-see-PAHL/
Probable	Probable	/proh-BAH-bleh/
Propaganda	Propaganda	/proh-pah-GAN-dah/
Protector	Protector	/pro-tek-TOR/
Radical	Radical	/rah-dee-KAHL/
Radio	Radio	/RAH-dyoh/
Regular	Regular	/re-goo-LAR/
Religión	Religion	/reh-lee-HYON/
Similar	Similar	/see-mee-LAR/
Simple	Simple	/SEEM-pleh/
Social	Social	/soh-SYAHL/
Solar	Solar	/soh-LAR/
Superficial	Superficial	/soo-per-fee-SYAHL/

Superior	**Superior**	/soo-peh-RYOR/
Taxi	**Taxi**	/TAK-see/
Televisión	**Television**	/teh-leh-vee-SYON/
Terrible	**Terrible**	/teh-RREE-bleh/
Terror	**Terror**	/teh-RROR/
Total	**Total**	/toh-TAHL/
Tropical	**Tropical**	/troh-pee-KAHL/
Unión	**Union**	/oo-NYON/
Universal	**Universal**	/oo-nee-ver-SAHL/
Usual	**Usual**	/oo-SWAHL/
Verbal	**Verbal**	/ver-BAHL/
Versión	**Version**	/ver-SYON/
Visible	**Visible**	/vee-SEE-bleh/
Visual	**Visual**	/vee-SWAHL/
Vital	**Vital**	/vee-TAHL/
Vulnerable	**Vulnerable**	/vool-neh-RAH-bleh/

Playground Rhymes
Rimas
/REE-mass/

Spanish	English	Pronunciation
Hola, hola, coca cola.	Hey, hey, Coca cola	/OH-lah OH-lah KOH-kah KOH-lah/
¿Qué te pasa, calabaza?	What's up, pumpkin?	/KEH teh PAH-sah kah-lah-BAH-sah/
Nada nada, limonada.	Nothing nothing, lemonade	/NAH-dah NAH-dah lee-moh-NAH-dah/
Estoy feliz como una lombriz.	I'm happy like a worm	/ess-TOY feh-LEES KOH-moh OO-nah lom-BREES/
Estoy más a gusto que un arbusto.	I'm more comfortable than a bush	/ess-TOY MASS ah GOOS-toh keh OON ahr-BOOS-toh/
A otra cosa, mariposa	To another thing, butterfly (meaning: forget it, it's not worth it)	/ah OH-trah KOH-sah mah-ree-POH-sah/
Eso eso, pan con queso.	That is, that is, bread with cheese	/EH-soh EH-soh PANN kon KEH-soh/

No sé, José.	**I don't know, John**	/noh SEH hoh-SEH/
Ay qué risa, Tía Felisa.	**That's so funny, Aunt Felisa**	/AH-ee KEH REE-sah TEE-ah feh-LEE-sah/
De nada, empanada.	**You're welcome, empanada**	/deh NAH-dah em-pah-NAH-dah/
Hasta la vista, turista.	**See you later, tourist.**	/ASS-tah lah VEES-tah too-REES-tah/
Adiós, corazón de arroz.	**Goodbye, heart of rice.**	/ah-DYOSS koh-rah-SONN deh ah-ROSS/
¡Chaoito, pescadito!	**Bye, little fish!**	/chao-EE-toh pess-kah-DEE-toh/

Proverbs
Proverbios
/proh-VER-byoss/

A más honor, más dolor.	**The more danger, the more honor.**	/ah MASS oh-NOR MASS doh-LOR/
Dime con quién andas y te diré quién eres.	**Tell me who your friends are and I will tell you who you are.**	/DEE-meh kon KYEN ANN-dass ee teh dee-REH KYEN EH-ress/
El que mucho duerme poco aprende.	**Whoever sleeps a lot learns a little.**	/ehl keh MOO-choh DWER-meh POH-koh ah-PREN-deh/
Cada día se aprende algo nuevo.	**You learn something new every day.**	/KAH-dah DEE-ah seh ah-PREN-deh AHL-goh NWEH-voh/
El que mal canta, bien le suena.	**He who sings badly likes what he hears.**	/ehl keh MAHL KAN-tah BYEN leh SWEH-nah/
La amistad no se compra.	**Friendship cannot be bought.**	/lah ah-mees-TAD noh seh KOM-prah/

De decir a hacer hay mucho que ver.	**There is a great difference between saying and doing.**	/deh deh-SEER ah ah-SER AH-ee MOO-choh keh VER/
En boca cerrada no entran moscas.	**Flies don't enter a closed mouth.** (meaning: silence is golden)	/en BOH-kah seh-RRAH-dah noh ENN-trann lass MOSS-kass/
El mal escribano le echa la culpa a la pluma.	**The bad writer blames his pen.**	/ehl MAHL ess-kree-BAH-noh leh eh-CHAH lah KOOL-pah ah lah PLOO-mah/
No hay rosa sin espina.	**There's no rose without a thorn.**	/noh AH-ee ROH-sah seen ess-PEE-nah/
Donde hay humo, hay fuego.	**Where there's smoke there's fire.**	/DON-deh AH-ee OO-moh AH-ee FWEH-goh/

Para saber hablar, hay que saber escuchar.	**In order to know how to talk, one must know how to listen.**	/PAH-rah sah-BER ah-BLAR AH-ee keh sah-BER ess-koo-CHAR/
El ejercicio hace al maestro.	**Practice makes perfect.**	/ehl eh-HER-see-syoh AH-seh ahl mah-ESS-troh/
No dejes para mañana lo que puedes hacer hoy.	**Don't put off until tomorrow what you can do today.**	/noh DEH-hess PAH-rah mah-NYAN-ah loh keh PWEH-dess ah-SER OH-ee/
Cuando el gato va a sus devociones, bailan los ratones.	**When the cat's away the mice will dance.**	/KWAN-doh ehl GAH-toh vah ah soos deh-voh-SYOH-ness BAH-ee-lann loss rah-TOH-ness/
Antes de hablar es bueno pensar.	**Before you speak it's good to think.**	/ANN-tess deh ah-BLAR ess BWEH-noh penn-SAR/
El que todo lo quiere, todo lo pierde.	**Whoever wants everything loses everything.**	/ehl keh TOH-doh loh KYEH-reh TOH-doh loh PYER-deh/

Saber es poder.	**Knowledge is power.**	/sah-BER ess poh-DER/
Aquellos son ricos quienes tienen amigos.	**Those who have friends are rich.**	/ah-KEH-yoss sonn REE-koss KYEH-ness TYEH-nenn ah-MEE-goss/
El que más tiene más quiere.	**The more one has, the more one wants.**	/ehl keh MASS TYEH-neh MASS KYEH-reh/
Hasta que no lo veas, no lo creas.	**Until you see it, don't believe it.**	/ASS-tah keh NOH loh VEH-ass NOH loh KREH-ass/
Hacia donde el corazón se inclina, el pie camina.	**Wherever the heart is, the feet go.**	/AH-syah DONN-deh ehl koh-rah-SONN seh een-KLEE-nah ehl PYEH kah-MEE-nah/
A todos les llega su momento de gloria.	**Everyone gets his moment of glory.**	/ah TOH-doss less YEH-gah soo moh-MEN-toh deh GLOH-ryah/
El amor no respeta ley, ni obedece a rey.	**Love doesn't respect the law, nor obey the king.**	/ehl ah-MOR noh ress-PEH-tah LEH-ee nee oh-neh-DEH-seh ah REH-ee/

COOL STUFF ▪ **151**

| El trabajo compartido es más llevadero. | **Working together makes it more bearable.** | /ehl trah-BAH-hoh kom-parr-TEE-doh ess MASS yeh-vah-DEH-roh/ |

Itzy Bitsy Spider	Itzi Bitzi Aran
The itsy bitsy spider Climbed up the waterspout Down came the rain And washed the spider out Out came the sun And dried up all the rain And the itsy bitsy spider Climbed the spout again	Itzi,bitzi arana Tejio su telarana Vino la lluvia Y se la llevo. Salio el sol Se seca la lluvia. Y itzi,bitzi arana, Otra vez subió

Happy Birthday	Feliz Cumpleaños
Happy birthday to you Happy birthday to you Happy birthday dear (name) Happy birthday to you	Feliz cumpleaños a ti Feliz cumpleaños a ti Feliz cumpleaños querido/a (name) Feliz cumpleaños a ti

The Cockroach	La Cucaracha
The cockroach, the cockroach, Can't walk anymore Because it doesn't have, Because it's missing Two little back legs.	La cucaracha, la cucaracha, ya no puede caminar porque no tiene, porque le falta las dos patitas de atrás.

All The Colors	De Colores
All the colors, all the colors, oh how they dress up the countryside in springtime, All the colors, all the colors of birdies, oh how they come back to us outside, All the colors, all the colors in rainbows we see shining bright in the sky, And that's why a great love of all colors makes me feel like singing so joyfully, And that's why a great love of all colors makes me feel like singing so joyfully.	De colores, de colores se visten los campos en la primavera De colores, de colores son los pajaritos que vienen de afuera De colores, de colores es el arco iris que vemos lucir Y por eso los grandes amores de muchos colores me gustan a mí Y por eso los grandes amores de muchos colores me gustan a mí

RESOURCES

Congratulations!
You just finished the Easy-shmeezy Guide to Spanish. Now that you feel comfortable speaking Spanish the journey just begins.

These resources will help you continue growing as a Spanish speaker.

¡Felicitaciones! (Congratulations!)

You've just finished The Easy-Shmeezy Guide To Spanish. That doesn't mean you're done. *Actualmente* (actually), the journey is just beginning. You now know the core vocabulary of 99% of everyday conversation. You deserve a big high five and a biggie-size taco. Keep this book close by, make sure you download the audio lessons from **EasyShmeezy.com** and refer to this guide *regularmente* (regularly).

What now?

Now it's time to take your Spanish to the next level. You need to check out my course at **FluencyFreeodom.com**. At FluencyFreedom you will learn my whole system and language learning philosophy. The language learning hacks and methods I teach have helped thousands to become fluent in their new language.

You'll learn:
- The language learner's mindset
- The three things you *need* to do everyday to become fluent
- How to find a language partner ... *for free*
- 3 tricks to help you remember your words, for ever
- How to become fluent (even if nothing else has worked)
- Much more.... (I know that sounds cliche, but it's true)

So go to FluencyFreedom.com and sign up today!

Amikumu is an app that helps you find language learning partners anytime, anywhere.

For example, while on holiday, use Amikumu to meet up with speakers of Spanish, Yiddish or any other language in town.

www.amikumu.com

In order to help you build your vocabulary, I've added this section where you can write down words or phrases that you'd like to learn. It works as follows: anytime you are thinking- Oh Shucks, how do I say that in Spanish? You write down the English right here and then go ask your Spanish speaking friend how to say it in Spanish. You then write the Spanish in the next column. Yes, Spanish speaking friend, You need one. If you don't have one get one. It just needs to be somebody you can nudge one in a while. ¡Adiós!

Thank You to My Kickstarter Backers.
(You are now famous.)

Rav Eliyahu Weinberg	Richard Delamore
Sruly Markowitz	Mr. JBT
Avigail Frager	Leah
Abe Lorkis	Rajeevan
Truls Bjorvik	Marty Babayov
Paul Koerber	Menachem Hojda
Shy Lev-Ari	Yosef Brecher
Roxanne Jordan	Aaron Zeevi
Alex Letvin	Avraham Pinsky
Jacqueline Stake	Shmuel Yosef Elbinger
Benjamin Hausman	David Neuhauser
Thorne	Kalman Sherizen
Avrohom Danziger	Rabbi Avraham Cohen
Sallie Fogarty	Avraham ElChonen
Apocalypse	Chaya Duchin
Fred Herman	Natan Berry

Shimshi Jonas